Talk To Me In Korean
Workbook
Level 10

written by
Talk To Me In Korean

Talk To Me In Korean Workbook (Level 10)

1판 1쇄 · 1st edition published	2022. 10. 20.	
1판 2쇄 · 2nd edition published	2023. 5. 29.	

지은이 · Written by	Talk To Me In Korean
책임편집 · Edited by	선경화 Kyung-hwa Sun, 김지나 Jina Kim, 김소희 Sohee Kim, 석다혜 Dahye Seok
디자인 · Designed by	선윤아 Yoona Sun, 이은정 Eunjeong Lee
삽화 · Illustrations by	까나리 존스 Sungwon Jang
녹음 · Voice Recordings by	선경화 Kyung-hwa Sun, 선현우 Hyunwoo Sun, 김예지 Yeji Kim, 유승완 Seung-wan Yu, 김지나 Jina Kim
펴낸곳 · Published by	롱테일북스 Longtail Books
펴낸이 · Publisher	이수영 Su Young Lee
편집 · Copy-edited by	강지희 Jihee Kang
주소 · Address	04033 서울특별시 마포구 양화로 113, 3층(서교동, 순흥빌딩)
	3rd Floor, 113 Yanghwa-ro, Mapo-gu, Seoul, KOREA
이메일 · E-mail	TTMIK@longtailbooks.co.kr
ISBN	979-11-91343-43-4 14710

*이 교재의 내용을 사전 허가 없이 전재하거나 복제할 경우 법적인 제재를 받게 됨을 알려 드립니다.

*잘못된 책은 구입하신 서점이나 본사에서 교환해 드립니다.

*정가는 표지에 표시되어 있습니다.

TTMIK - TALK TO ME IN KOREAN

Talk To Me In Korean Workbook
Level 10

Contents

How to Use the Talk To Me In Korean Workbook

This workbook is designed to be used in conjunction with the Talk To Me In Korean Level 10 lessons, which are available as both a paperback book and an online course at https://talktomeinkorean.com. Developed by certified teachers to help you review and reinforce what you have learned, each lesson in this workbook contains five activity sections chosen from five main review categories and 27 types of exercises.

Categories

1. Comprehension
2. Reading Comprehension
3. Listening Comprehension
4. Dictation
5. Speaking Practice

Types of Exercises

1. Multiple Choice
2. Reading
3. Listening
4. Dictation
5. Fill in the Blank
6. Listen & Repeat
7. Complete the Dialogue
8. Complete the Sentence
9. Translation Practice
10. Checking for Understanding
11. Paraphrasing
12. Sentence Arrangement
13. Analyzing the Situation
14. Correct/Incorrect
15. Matching
16. Write Your Own Sentence
17. Complete the Text Message Conversation

In this Level 10 workbook, just as in other advanced level workbooks, instructions for each section are provided in Korean, with an English translation included underneath. Also, there is no separate vocabulary exercise at the beginning of each lesson in this book. Instead, vocabulary words that have never appeared previously or in the current Talk To Me In Korean lesson are provided with their meaning at the end of each lesson.

The Listening Comprehension and Reading Comprehension categories appear in every lesson for you to practice listening and understanding various material, including news articles, text messages, diary entries, customer review entries, song lyrics, social media posts, essays, pamphlets, poems, instructions, advertisements, notices, blog posts, letters, news headlines, interviews, and dialogues. In the following two categories, Dictation and Speaking Practice, you review sample dialogues from the Talk To Me In Korean Level 10 grammar book.

In the Answer Key at the back of the book, you can read a phonetic transcription of each dialogue, and phrases that are almost always pronounced like a single word can be found written together without any spaces. You can download the available audio files for this book from https://talktomeinkorean.com/audio or access the files conveniently through our audio mobile application, TTMIK: Audio.

Section I - Comprehension

질문을 읽고 알맞은 답을 고르세요.

Read the question and choose the appropriate answer.

1. Choose the one that has a different meaning from the others.

   a. 저 사람 어디서 많이 본 것 같아요.   b. 저 사람 얼굴이 익숙한데요.

   c. 저 사람 얼굴을 붉히네요.   d. 저 사람 낯이 익은데요.

2. Which one would you say when you are glad to see your friend for the first time in a while?

   a. 오랜만이야. 무슨 얼굴로 찾아왔어?   b. 오랜만이야. 얼굴에 철판을 깔았나 봐.

   c. 오랜만이야. 얼굴이 좋아 보이네.   d. 오랜만이야. 많이 본 얼굴이네!

3. You were supposed to meet your friends tonight. However, you still have a lot of things to do at work, so you told them you can't come. What would your friends say to you on the phone?

   a. 얼굴에 철판을 깔아야 돼.   b. 얼굴만 비치고 가면 안 돼?

   c. 그래도 얼굴만 붉히고 가.   d. 아는 얼굴이 많아서 괜찮을 거야.

4. Choose the one that has a different meaning from the others.

   a. 낯익은* 얼굴들이 많네요.   b. 모르는 얼굴이 많네요.

   c. 아는 얼굴이 없네요.   d. 아는 사람이 안 보이네요.

   * 낯익다 = to look familiar

5. In which situation would you apologize?

   a. 친구의 얼굴이 까맣게 탔을 때   b. 친구의 얼굴이 안 좋아 보일 때

   c. 친구가 얼굴에 철판을 깔았을 때   d. 친구랑 얼굴을 붉히는 일이 있었을 때

6. Your friend is going to take an important exam soon. How can you describe her face?

    a. 걱정스러운 얼굴을 하고 있어요.   b. 얼굴에 다 쓰여 있어요.

    c. 얼굴만 내밀고 있어요.   d. 얼굴이 좋아 보여요.

7. Imagine you went to the beach to surf but forgot to apply sunscreen. What would happen to you?

    a. 얼굴을 다 붉혀요.   b. 얼굴이 파랗게 돼요.

    c. 얼굴이 낯설어져요.   d. 얼굴이 까맣게 타요.

Section II - Reading Comprehension

다음 신문 기사를 읽고 문제를 풀어 보세요.

Read the following newspaper article and answer the questions.

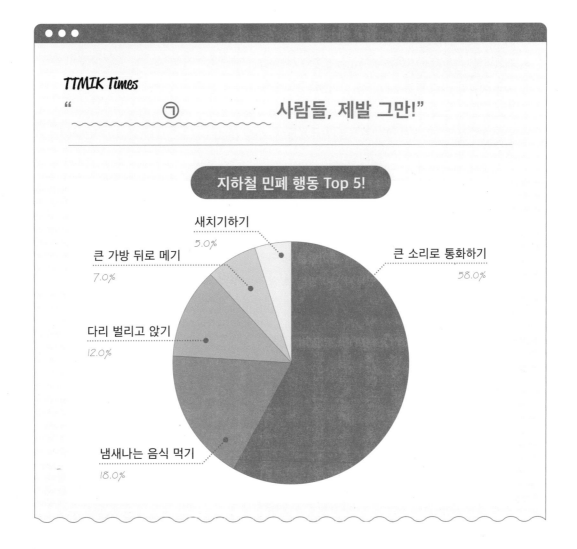

OO시에서는 10대부터 60대까지의 남녀 100명에게 지하철에서 불쾌했던 경험이 있는지 물어 봤다. 그 결과 88%의 사람들이 '있다'고 대답했고, 10%는 '없다', 2%는 '기억이 나지 않는다'고 대답했다. 불쾌했던 경험이 '있다'고 대답한 사람들에게, 가장 불쾌했던 행동이 무엇이었는지 물어본 결과, '큰 소리로 통화하기'를 1위로 이야기한 사람들이 가장 많았다.

* Vocabulary
10대 = the teens, teenager
60대 = people in their 60s
위 = rank

8. Choose the expression that can go in the blank ㉠.

   a. 얼굴에 철판을 깐   b. 얼굴이 낯이 익은   c. 얼굴만 내미는   d. 얼굴에 쓰여 있는

9. Choose the correct statement that matches the pie chart.

   a. '새치기하기'가 '지하철 민폐 행동 Top 5'에서 4위이다.

   b. 50명 이상이 '다리 벌리고 앉기'를 싫어한다고 대답했다.

   c. 사람들은 '큰 가방 뒤로 메기'와 '새치기하기'를 똑같이 싫어한다.

   d. 사람들은 '냄새나는 음식 먹기'를 '새치기하기'보다 더 싫어한다.

10. Choose the correct statement(s) according to the article.

   a. 지하철에서 불쾌했던 경험이 있는지에 대해서 10대와 60대만 대답했다.

   b. 지하철에서 불쾌했던 경험이 있는지에 대해서 남자들과 여자들이 대답했다.

   c. 지하철에서 불쾌했던 경험이 있는지 물어봤을 때 기억이 나지 않는다고 대답한 사람도 있었다.

   d. 지하철에서 불쾌했던 경험이 있는지 물어봤을 때 많은 사람들이 없다고 말했다.

Section III - Listening Comprehension

대화를 잘 듣고 문제를 풀어 보세요.

Listen to the dialogue and answer the following questions.

* 선반 = shelf
* 귀찮다 = can't be bothered to do something, to feel too lazy
* 매너 = manners, etiquette

11. Where is this conversation taking place?

   a. 지하철   b. 비행기   c. 버스   d. 택시

12. Choose the incorrect statement according to the conversation.

    a. 여자는 어제 기사를 읽었다.   *b.* 남자는 가방을 메고 있다.

    c. 두 사람은 생각이 같다.   *d.* 두 사람은 곧 내린다.

13. What will the man say next?

    a. 넌 얼굴 좋아 보인다.   *b.* 얼굴이 까맣게 탔네.

    c. 너랑 얼굴 붉히고 싶지 않아.   *d.* 얼굴만 내밀고 가면 되잖아.

Section IV - Dictation

대화를 잘 듣고 밑줄 친 부분에 알맞은 말을 쓰세요. 대화는 두 번 들려 드립니다.

Listen carefully and fill in the blanks. The dialogue will be played twice.

지나: 두루 씨, 왜 그렇게 14. _____ 하고 있어요? 무슨 일 있어요?

두루: 아니요. 아무 일도 없어요.

지나: 무슨 일 있다고 15. _____ ?

두루: 사실 미국에 있는 가족들이 걱정돼서요. 오랫동안 미국에 못 갔잖아요.

지나: 다들 잘 계실 거예요. 너무 걱정하지 마세요.

Section V - Speaking Practice

Section IV의 대화를 한두 문장씩 들려 드리고, 긴 문장은 나누어서 들려 드립니다. 잘 듣고 따라 하세요. 전체 대화문은 Answer Key에서 확인할 수 있습니다.

A native speaker will read the dialogue from Section IV one or two sentences at a time. If a sentence is too long, it may be split into two or three parts. Listen and repeat after each part. You can check out the complete dialogue in the Answer Key at the back of the book.

Vocabulary

익숙하다	to be familiar to, to be skilled	메다	to carry, to shoulder	60대	people in their 60s	서 있다	to be standing
낯익다	to look familiar	다리를 벌리다	to spread one's legs	남녀	men and women	선반	shelf
파랗다	to be blue			불쾌하다	to be unpleasant	귀찮다	can't be bothered to do something, to feel too lazy, to be a hassle
민폐	nuisance, (public) harm	냄새나다	to be smelly	경험	experience		
		시	city	위	rank		
새치기하다	to cut in line	10대	the teens, teenager	똑같이	alike, identically	매너	manners, etiquette
						오랫동안	for a long time

Lesson 2.
To go/come to do something
-(으)러 가다/오다

Section I - Complete the Dialogue

왼쪽과 오른쪽 상자에서 각각 가장 알맞은 표현을 골라 1번과 같이 대화를 완성해
보세요. 왼쪽 상자의 표현은 한 번만 사용됩니다.

Select the most appropriate expression from each box and complete the dialogue. The first
one has been done for you. The expression in the left box is used only once.

밥 먹으러 가다	
마시러 가다	-(으)ㄴ/는데
놀러 오다	-(으)ㄹ래요
배우러 다니다	-(으)ㄹ게요
가지러 다시 오다	-(으)세요
옷 사러 갔다 오다	-고 있어요
운동하러 다니다	-았/었/였어요
자러 가다	

1. A: 나 지금 밥 먹으러 가는데, 같이 갈래?
   B: 그래. 뭐 먹으러 갈 거야?

2. A: 어제 늦게까지 일했더니 너무 졸리네요. 먼저 ﹏﹏﹏﹏﹏﹏﹏﹏﹏﹏.
   B: 네. 잘 자요!

3. A: 저 요즘 아침마다 수영장에 ﹏﹏﹏﹏﹏﹏﹏﹏﹏﹏
   B: 우와! 진짜 부지런하시네요. 언제까지 다닐 거예요?

4. A: 커피 한 잔 ﹏﹏﹏﹏﹏﹏﹏﹏﹏﹏﹏﹏?
   B: 네, 좋아요. 저한테 무슨 할 얘기 있어요?

5. A: 요즘 뭐 하면서 지내요?

    B: 요즘 피아노 ⁓⁓⁓⁓⁓⁓⁓⁓⁓⁓⁓⁓⁓⁓⁓⁓⁓⁓, 너무 재미있어요.

6. A: 어디 갔다 왔어요?

    B: 백화점에 ⁓⁓⁓⁓⁓⁓⁓⁓⁓⁓⁓⁓⁓⁓⁓⁓.

7. A: 어? 아까 퇴근하지 않았어요?

    B: 네, 근데 핸드폰을 두고 가서 ⁓⁓⁓⁓⁓⁓⁓⁓⁓⁓⁓⁓⁓. 이제 진짜 갈게요!

8. A: 새로 이사한 집은 어때요?

    B: 집이 넓어져서 좋아요. 다음 주에 한번 ⁓⁓⁓⁓⁓⁓⁓⁓⁓⁓⁓⁓⁓⁓.

Section II - Reading Comprehension

다음 글을 읽고 문제를 풀어 보세요.

Read the following and answer the questions.

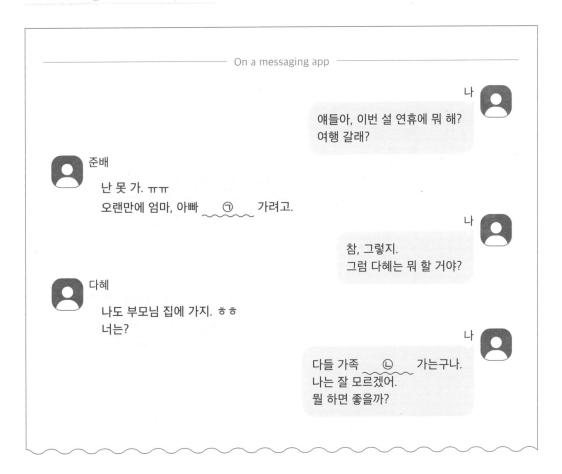

다혜

우리 집에 ___ⓒ___ 올래?
우리 엄마 손이 크셔서 음식 진짜 많이 하시거든.
엄마 도와서 같이 만들어도 재밌을 것 같아.

나

정말 그래도 돼?
나는 너무 좋지!

───── In a diary ─────

지난주는 설이었다. 한국 친구들이 다들 가족을 만나러 간다고 해서 외롭게 보낼 뻔했는데, 다행히 다혜가 나를 집에 초대해 줬다. 한국 사람들은 설날에 떡국을 먹는데, 다혜 집에서 처음으로 떡국을 만들어 봤다. 어머니께서 다른 음식을 만드시는 동안 다혜랑 나랑 만들었다. 굉장히 만들기 쉽고 간단했는데, 맛은 정말 좋았다.

또 한국 사람들은 설날에 자기보다 나이가 많은 어른들에게 절을 하고 돈을 받는데, 그 절을 '세배'라고 하고, 받는 돈을 '세뱃돈'이라고 부른다. 나도 다혜 부모님께 세배를 하고 세뱃돈을 받았다. 맛있는 것도 먹고 돈도 받고... 한국의 설 문화가 너무 마음에 든다. 정말 이번 설은 다혜 가족 덕분에 외롭지 않고 따뜻하게 보냈다.

Vocabulary
설 = Lunar New Year
설날 = Lunar New Year's Day
떡국 = Tteokguk; sliced rice cake soup

9. Choose the words that best fit in the blanks.

   a. ㉠ 보러   ㉡ 만나러   ⓒ 놀러   b. ㉠ 보러   ㉡ 놀러   ⓒ 만나러

   c. ㉠ 놀러   ㉡ 만나러   ⓒ 보러   d. ㉠ 놀러   ㉡ 보러   ⓒ 만나러

10. What are the two customs Koreans do on Lunar New Year's Day that are mentioned by the writer? Write them in Korean.

                    Answer: ～～～～～～ , ～～～～～～～

11. Choose the correct statement about the writer.

    a. 이 사람은 이번 설날을 외롭게 보냈다.

    b. 이 사람은 이번 설날에 떡국을 처음 먹어 봤다.

    c. 이 사람은 설 연휴에 여행을 갈까 했었다.

    d. 이 사람은 다혜에게 떡국 만드는 방법을 알려 줬다.

Section III - Listening Comprehension

대화를 잘 듣고 문제를 풀어 보세요.

Listen to the dialogue and answer the following questions.

* 사귀다 = *to get close to (friends)*

12. What kind of meetup is this?

    a. 언어 교환 모임

    b. 학교 친구 모임

    c. 회사 모임

    d. 한국어 공부 모임

13. What is not the reason why Emily came to Korea?

    a. 한국 영화를 좋아해서

    b. 한국어를 배우기 위해

    c. 자막 없이 영화를 보기 위해

    d. 한국인 친구를 사귀고 싶어서

14. Choose the correct statement according to the dialogue.

    a. 에밀리와 다니는 친구 사이다.

    b. 다니는 한국인 친구가 있다.

    c. 에밀리는 필리핀에 산 적이 있다.

    d. 이 모임에서는 한국어만 사용해야 한다.

15. What will happen right after the dialogue?

    a. 다니와 에밀리가 이야기한다.

    b. 모두 자기소개를 한다.

    c. 30분 동안 쉰다.

    d. 파트너를 뽑는다.

Section IV - Dictation

대화를 잘 듣고 밑줄 친 부분에 알맞은 말을 쓰세요. 대화는 두 번 들려 드립니다.

Listen carefully and fill in the blanks. The dialogue will be played twice.

승완: 소희 씨, 내일 뭐 해요? 16. _____ 갈래요?

소희: 내일은 어려울 것 같아요. 현우 씨 17. _____ 가거든요.

승완: 진짜요? 현우 씨가 집에 초대했어요?

소희: 네. 현우 씨가 18. _____ 오라고 했어요.

승완: 우와, 좋겠네요! 잘 다녀오세요.

Section V - Speaking Practice

Section IV의 대화를 한두 문장씩 들려 드리고, 긴 문장은 나누어서 들려 드립니다.
잘 듣고 따라 하세요. 전체 대화문은 Answer Key에서 확인할 수 있습니다.

A native speaker will read the dialogue from Section IV one or two sentences at a time. If a sentence is too long, it may be split into two or three parts. Listen and repeat after each part. You can check out the complete dialogue in the Answer Key at the back of the book.

Vocabulary

잔	cup	다행히	luckily, fortunately	절	bow	없이	without
얘들	these guys here	설날	Lunar New Year's Day	세배	New Year's bow	사귀다	to get close to (friends)
설	Lunar New Year	떡국	tteokguk; sliced rice cake soup	세뱃돈	New Year's cash gift	파트너	partner
연휴	holiday, long weekend			모임	meetup	뽑다	to pick
외롭다	to be lonely	어른	adult	자막	subtitle	여러분	everyone

Lesson 3.
I know it is... but it is still
아무리 -(이)라지만, 아무리 -(ㄴ/는)다지만

Section I - Comprehension

밑줄 친 부분에 들어갈 말로 적절하지 않은 것을 고르세요.

Choose the phrase that cannot fit in the blank.

l. 아무리 가까운 친구라지만, ～～～～～～～～～～～

    a. 돈을 허락 없이 쓰면 안 되죠.

    b. 예의*는 지켜야 하지 않을까요?

    c. 모든 걸 이해해야 돼요.

                                                * 예의 = manners, etiquette

2. 아무리 배가 고프다지만, ～～～～～～～～～～～～

    a. 배가 부를 때까지 드세요.

    b. 어떻게 치킨 두 마리를 혼자 먹어요?

    c. 이렇게 많이 주문했어요?

3. 아무리 게임을 좋아한다지만, ～～～～～～～～～

    a. 밤을 새우면서 하는 건 좀 심했어.

    b. 밥은 먹고 해.

    c. 일은 나중에 하면 되잖아.

4. 아무리 바쁘다지만, ～～～～～～～～～～～～

    a. 전화할 시간도 없는 거예요?

    b. 거짓말해도 괜찮아요.

    c. 어떻게 내 생일을 잊어버릴 수 있어요?

5. 아무리 급하다지만, ～～～～～～～～～～～～

    a. 열쇠 줄까요?

    b. 어떻게 핸드폰을 놓고 나가요?

    c. 이렇게 대충* 하면 안 되죠.

                                        * 대충 = roughly, cursorily

6. ＿＿＿＿＿＿＿＿＿＿＿＿＿＿, 어떻게 커피를 하루에 다섯 잔 마실 수 있어요?

    a. 아무리 졸리다지만

    b. 아무리 비싸다지만

    c. 아무리 피곤하다지만

7. ＿＿＿＿＿＿＿＿＿＿＿＿＿＿, 다른 사람을 무시하는 건 좀 심하네요.

    a. 아무리 착한 사람이라지만

    b. 아무리 부자라지만

    c. 아무리 똑똑하다지만

8. ＿＿＿＿＿＿＿＿＿＿＿＿＿＿, 어떻게 겨울에도 아이스 아메리카노만 마셔요?

    a. 아무리 시원한 걸 좋아한다지만

    b. 아무리 아메리카노가 맛있다지만

    c. 아무리 커피를 많이 마신다지만

9. ＿＿＿＿＿＿＿＿＿＿＿＿＿＿, 하루 만에 그만두면 어떡해?

    a. 아무리 한국어가 어렵다지만

    b. 아무리 일이 힘들다지만

    c. 아무리 열심히 한다지만

10. ＿＿＿＿＿＿＿＿＿＿＿＿＿＿, 이건 너무 비싼 것 같아.

    a. 아무리 좋은 제품이라지만

    b. 아무리 인기가 없다지만

    c. 아무리 디자인이 예쁘다지만

Section II - Reading Comprehension

다음 글을 잘 읽고 문제를 풀어 보세요.

Read it carefully and answer the questions.

제목: 환불받고 싶어요.   작성자: iwantarefund

지난주에 세일하는 옷을 샀는데요.

인터넷으로 쇼핑 많이 해 봤지만, 이런 경우는 처음이에요.

원피스가 사진이랑 너무 다르잖아요.

색깔도 다르고, 사이즈도 너무 작아요.

그리고 새 옷인데 상태도 너무 안 좋아요.

누가 입었던 옷을 보낸 거예요?

아무리 저렴하다지만, 이건 정말 너무하네요.

빨리 환불해 주셨으면 좋겠어요.

‾ Re: iwantarefund 고객님, 불편을 드려 정말 죄송합니다.

　　저희의 실수로 옷이 잘못 배송된 것 같습니다.

　　세일 가격에 사신 거라서 환불은 어려운 점 이해 부탁드립니다.

　　새 제품으로 다시 보내 드리면서 30% 할인 쿠폰을 보내 드리겠습니다.

　　다시 한번 죄송합니다.

* Vocabulary

작성자 = writer

상태 = condition, state

11. What is true about the customer?

   a. 치마를 주문했다.   b. 이 옷을 정가에 샀다.

   c. 받은 제품에 실망했다.   d. 이 쇼핑몰에서 주문한 적이 있다.

12. What is true about the company?

   a. iwantarefund 고객에게 너무 큰 사이즈 옷을 배송했다.

   b. iwantarefund 고객에게 환불을 해 줄 것이다.

   c. 쇼핑몰의 세일 기간은 끝났다.

   d. 자신들의 잘못을 인정했다.

Section III - Listening Comprehension

대화를 잘 듣고 문제를 풀어 보세요.

Listen to the dialogue and answer the following questions.

13. What is the woman worried about?

    a. 동생이 돈이 없는 것

    b. 동생이 일을 못 구하는 것

    c. 동생이 부모님이랑 사이가 나쁜 것

    d. 동생이 일할 생각이 없는 것

14. Choose the incorrect statement about the dialogue.

    a. 남자와 여자는 요즘 직장을 구하기 어렵다고 생각한다.

    b. 여자는 아직 서른이 안 됐다.

    c. 여자는 일을 안 하는 동생을 걱정하고 있다.

    d. 여자는 동생이 이해가 안 된다.

Section IV - Dictation

대화를 잘 듣고 밑줄 친 부분에 알맞은 말을 쓰세요. 대화는 두 번 들려 드립니다.

Listen carefully and fill in the blanks. The dialogue will be played twice.

현우: 희주 씨, 회사 옆에 우동집 있잖아요. 거기 진짜 유명한 데래요.

    준배 씨가 어제 점심 먹으러 갔는데 한 시간 기다렸대요.

희주: 네? 한 시간요? 15. ＿＿＿＿＿＿＿＿＿＿＿＿＿ 그렇게 오래 기다려야 된다고요?

현우: 두 시간 기다렸다는 사람도 있어요. 근데 그 집 우동 진짜 맛있대요.

희주: 16. ＿＿＿＿＿＿＿＿＿＿＿＿ 우동 하나 먹기 위해서 몇 시간을 기다려야 하는

    건 좀 심하네요.

Section V - Speaking Practice

Section IV의 대화를 한두 문장씩 들려 드리고, 긴 문장은 나누어서 들려 드립니다.
잘 듣고 따라 하세요. 전체 대화문은 Answer Key에서 확인할 수 있습니다.

A native speaker will read the dialogue from Section IV one or two sentences at a time. If a sentence is too long, it may be split into two or three parts. Listen and repeat after each part. You can check out the complete dialogue in the Answer Key at the back of the book.

Vocabulary

예의	manners, etiquette	시원하다	to be cool, to feel relaxed	원피스	dress	쿠폰	coupon
급하다	to be urgent, to be in a hurry	제목	title	사이즈	size	쇼핑몰	shopping mall
		작성자	writer	상태	condition, state	기간	period of time
대충	roughly, cursorily			저렴하다	to be inexpensive	구하다	to look for, to find
잔	cup	세일하다	to be on sale, to go on sale	배송되다	to be delivered	우동	udon (Japanese food)
아이스 아메리카노	iced Americano	경우	case	세일	sale		

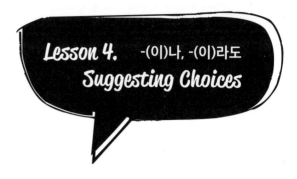

Section I - Comprehension

밑줄 친 부분에 들어갈 알맞은 표현을 상자에서 골라 쓰세요. 각 표현은 한 번씩 사용됩니다.

Complete each dialogue by choosing one of the expressions that better suit the dialogue from the box. Each expression is used only once.

- 라면이나 먹자
- 라면이라도 먹자

---

1. A: 배고프다. 뭐 먹을까?

   B: 요리하긴 귀찮고, _____.

2. A: 배고픈데, 집에 먹을 게 없어. 라면밖에 없네.

   B: 그럼 그냥 _____

- 산책이나
- 산책이라도

---

3. A: 병원에서 운동하라고 했다면서 왜 이렇게 안 움직이고 집에만 있어요?

   B: 움직이는 게 너무 힘들어요.

   A: 아무리 힘들어도 전혀 안 움직이면 안 돼요. _____ 해야 돼요.

4. A: 우리 잠깐 나가서 _____ 할까?

   B: 좋아. 밥 먹고 일하니까 너무 졸리다.

5. A: 어떡하지? 나 수학 시험 공부하느라고 스페인어 시험 공부는 하나도 못 했어.

   B: 뭐? 그럼 시험 시작하기 전에 지금 빨리 ＿＿＿＿＿＿＿＿＿＿＿.

6. A: 우리 저녁에 뭐 먹을까?

   B: 10분 뒤에 단어 시험인데, 다 외웠어? 저녁 얘기 그만하고 얼른 ＿＿＿＿＿＿＿＿＿＿＿＿＿.

7. A: 내일 주말인데 뭐 해요?

   B: ＿＿＿＿＿＿＿＿＿＿＿＿＿＿＿＿＿＿. 요즘 너무 바빠서 TV를 못 봤거든요.

8. A: 경화 씨 드라마 보려고요?

   B: 네.

   A: 여기 있는 드라마는 경화 씨가 다 봤던 드라마 아니에요?

   B: ＿＿＿＿＿＿＿＿＿＿＿＿＿＿＿＿＿.

9. A: 예림이는 왜 이렇게 안 와? 공연 시작할 때 다 됐는데.

   B: 그러게. ＿＿＿＿＿＿＿＿＿＿＿.

10. A: 공연 곧 시작하는데 저 사람들은 왜 아직 안 들어가지?

    B: 지금 몇 시야? 앗! 벌써 이렇게 됐어? ＿＿＿＿＿＿＿＿＿＿.

Section II - Reading Comprehension

다음은 일부분이 찢어진 노래 가사입니다. 잘 읽고 문제를 풀어 보세요.

The following are the lyrics of a song with the last part torn off. Read it carefully and answer the questions.

<이나 이나>

작사: TTMIK

작곡: TTMIK

노래: TTMIK

토요일 오후

아무것도 할 게 없네

날씨도 좋은데 산책이나 할까

친구한테 놀자고 전화나 해 볼까

아무 노래나 틀고 춤이나 출까

아니 아니 아니지

심심한데 한국어 공부나 하자

난 방으로 가

눈을 감고 아무 책이나 잡아

아직 눈을 뜨면 안 돼

그리고 아무 페이지나 펼쳐 봐

손가락으로 아무 단어나 골라

이제 눈을 떠 하나, 둘, 셋!

'라면'

바로 이거야!

왜냐하면 배가 고프거든

라면을 찾으러 부엌으로 가

어? ㉠라면이 없네 라면이 없어

그래도 괜찮아. 라면을 못 먹어도 괜찮아.

괜찮아.

11. Which one would be the most natural response if you heard your friend say ㉠?

    a. 라면이나 사 와.

    b. 과자라도 먹어.

    c. TV나 봐.

12. Which one is not appropriate for the torn off section?

    a. 공부라도 했으니까

    b. 공부는 했으니까

    c. 공부도 했으니까

13. Choose the correct statement about the character in the lyrics.

    a. 산책을 했다.

    b. 친구한테 전화를 했다.

    c. 방으로 들어가 책을 펼쳤다.

Section III - Listening Comprehension

라디오 방송의 일부를 잘 듣고, 문제를 풀어 보세요.

Listen carefully to an excerpt of this radio show and answer the following questions.

                                          * 직장인 = *office worker*
                                          * 의욕 = *desire, motivation*

14. What is the problem of the person who sent in the story?

    a. 특별한 사람이 되고 싶다.

    b. 하고 싶은 게 너무 많다.

    c. 의욕이 생기지 않는다.

    d. 일이 너무 힘들다.

15. Which one is not suggested by the radio host?

    a. 사진 찍기

    b. 산책하기

    c. 운동하기

    d. 잘 자기

Section IV - Dictation

대화를 잘 듣고 밑줄 친 부분에 알맞은 말을 쓰세요. 대화는 두 번 들려 드립니다.

Listen carefully and fill in the blanks. The dialogue will be played twice.

승완: 주연 씨, 이번 주말에 뭐 할 거예요?

주연: 약속 있었는데 취소됐어요. 그래서 16. ＿＿＿＿＿＿＿＿＿＿＿＿ 하려고요.

승완: 하루 종일 집에만 있으려고요?

주연: 저녁에는 나가서 17. ＿＿＿＿＿＿＿＿＿＿＿＿. 승완 씨는 주말에 약속 있어요?

승완: 저도 약속 없어요. 요즘 날씨 너무 좋으니까 혼자 나가서 자전거라도 타려고요.

Section V - Speaking Practice

Section IV의 대화를 한두 문장씩 들려 드리고, 긴 문장은 나누어서 들려 드립니다.
잘 듣고 따라 하세요. 전체 대화문은 Answer Key에서 확인할 수 있습니다.

A native speaker will read the dialogue from Section IV one or two sentences at a time. If a sentence is too long, it may be split into two or three parts. Listen and repeat after each part. You can check out the complete dialogue in the Answer Key at the back of the book.

Vocabulary

귀찮다	can't be bothered to do something, to feel too lazy, to be a hassle	작곡	composition	손가락	finger	고민	concern, worry
		틀다	to turn on	왜냐하면	because	의욕	desire, motivation
		(눈을) 감다	to close (one's eyes)	부엌	kitchen	가볍다	to be light
외우다	to memorize			특별하다	to be special	-씩	each, respectively
얼른	right away	페이지	page				
그러게	right, I know	펼치다	to open, to spread (out)	평범하다	to be normal, to be ordinary	하루 종일	all day long
작사	lyric making			직장인	office worker		

Lesson 5.
To decide to, To agree to
-기로 하다

Section I - Complete the Dialogue

밑줄 친 부분에 들어갈 문장을 상자에서 골라 쓰세요.

Choose the most appropriate sentence from the box and write it in the blank.

- 이거 안 하기로 하지 않았어요?
- 따로 간 다음에 공항에서 만나기로 했어요.
- 이것만 결정하고 끝내기로 해요.
- 휴가 때 뭐 하기로 했어요?
- 다음 주부터 열심히 하기로 마음먹었어요.
- 이걸로 결정했어요?
- 우리 몇 시에 보기로 했더라?
- 우리 다음에는 여행 전에 잘 알아보기로 해요.

1. A: 회의가 너무 길어지네요.

   B: ～～～～～～～～～～～～～～～～～～～～～～～～

2. A: 계획도 안 세우고 여행하니까 너무 힘드네요.

   B: ～～～～～～～～～～～～～～～～～～～～～～～～

3. A: 어? 경은 씨는 왜 안 와요? 같이 가는 거 아니에요?

   B: ～～～～～～～～～～～～～～～～～～～～～～～～

4. A: 운동한다면서 왜 누워 있어?

   B: ～～～～～～～～～～～～～～～～～～～～～～～～

5. A: ～～～～～～～～～～～～～～～～～～～～～～～～

   B: 아니요. 이거는 입어 보니까 생각보다 안 어울려서, 다른 가게에 가 보기로 했어요.

6. A: ⌇⌇⌇⌇⌇⌇⌇⌇⌇⌇⌇⌇⌇⌇⌇⌇⌇⌇⌇⌇⌇⌇⌇⌇⌇⌇⌇⌇

    B: 아무것도 안 하기로 했어요. 그게 진정한 휴가잖아요.

7. A: ⌇⌇⌇⌇⌇⌇⌇⌇⌇⌇⌇⌇⌇⌇⌇⌇⌇⌇⌇⌇⌇⌇⌇⌇⌇⌇⌇⌇

    B: 처음엔 그랬는데 다시 하는 걸로 결정했어요.

8. A: ⌇⌇⌇⌇⌇⌇⌇⌇⌇⌇⌇⌇⌇⌇⌇⌇⌇⌇⌇⌇⌇⌇⌇⌇⌇⌇⌇⌇

    B: 그걸 또 잊어버렸어? 7시라니까.

Section II - Reading Comprehension

소셜 미디어에 사람들이 올린 글을 잘 읽고 문제를 풀어 보세요.

Read what people wrote on social media and answer the questions.

Talk To Me In Korean
@ttmik

팔로우

톡톡 여러분, 새해 복 많이 받으세요! 다들 올해 어떤 계획을 세웠어요?
현우 선생님은 작년에 배우기 시작한 스페인어를 더 열심히 공부하기로 결심
했대요.
그리고 올해는 피아노도 배워 보려고 한대요. 현우 선생님이 정말 두 가지 다
할 수 있을까요? ;-) 톡톡 여러분의 새해 결심은 뭐예요?

koreanmaster***
음... 너무 많은데 가장 큰 목표는 한국어 공부예요!
쓰기 실력을 기르기 위해서 매일 ⌇⌇⌇⌇⌇ ㉠ ⌇⌇⌇⌇⌇

workouthard***
저는 올해 조금 더 ⌇⌇⌇⌇⌇ ㉡ ⌇⌇⌇⌇⌇ 매일 적어도 30분씩은 걸으려고요.

familytime***

올해는 가족이랑 더 많은 시간을 보내고 싶어요. 그동안 너무 바빴거든요.

quitsthbad***

저는 특별히 뭘 새로 시작하지는 않고, 나쁜 행동을 하지 않기로 했어요.
그래서 먼저, _____ ⓒ _____ .

begrateful***

우와, 저는 그냥 ⓔ작은 일에도 감사하기로 했어요. 더 많이 웃고요.
올해는 웃을 일이 더 많았으면 좋겠네요!

* Vocabulary
톡톡 = *Talk-Talk (nickname for people who study Korean through Talk To Me In Korean)*
결심 = *resolution*

9. Choose what you can find out about 현우 선생님 above.

   a. 스페인어를 공부하고 있다.

   b. 피아노를 잘 친다.

   c. 스페인에 가고 싶어 한다.

10. Choose the phrase that best fits in ㉠.

    a. 발음을 연습하기로 마음먹었어요

    b. 한국 친구랑 이야기하기로 했어요

    c. 한국어로 일기를 쓰기로 결심했어요

11. Choose the phrase that best fits in ㉡.

    a. 행복해지기로 했어요

    b. 건강해지기로 했어요

    c. 예뻐지기로 했어요

12. Choose the phrase that best fits in ⓒ.

    a. 아침마다 책을 읽을 생각이에요

    b. 어려운 사람들을 도우러 다닐까 해요

    c. 길에 쓰레기를 버리지 않을 거예요

Talk To Me In Korean Workbook

13. What kind of person is ⓔ describing?

    a. 어려운 일을 끝낸 것에 감사할 줄 아는 사람

    b. 자신을 도와준 사람들에게 감사할 줄 아는 사람

    c. 좋은 날씨에 감사할 줄 아는 사람

Section III - Listening Comprehension

다음 강연을 잘 듣고, 문제를 풀어 보세요.

Listen to the lecture and answer the following questions.

14. According to the lecture, what does 작심삼일 mean?

    a. 마음먹은 대로 3일 이상 할 수 있다.   *b.* 마음먹은 것이 3일을 넘지 못한다.

    c. 마음먹은 것을 3일 동안 한다.   *d.* 3일 동안 마음대로 한다.

15. Write two methods to overcome 작심삼일 mentioned in the lecture.

    (1) ＿＿＿＿＿＿＿＿＿＿＿＿＿＿＿ 세우기

    (2) ＿＿＿＿＿＿＿＿＿＿＿＿＿＿＿ 생각하기

16. Choose whether person A or B made the more appropriate plan in accordance with each method above.

(1) A.   하루에 10분씩 한국어 듣기를 하려고 해요.

B.   올해 한국어, 중국어, 프랑스어, 스페인어를 배울 거예요.

(2) A.   한 달에 책을 스무 권씩 읽을 거예요.

B.   올해는 책을 많이 읽는 것보다는 좋아하는 책을 읽을 거예요.

Section IV - Dictation

대화를 잘 듣고 밑줄 친 부분에 알맞은 말을 쓰세요. 대화는 두 번 들려 드립니다.

Listen carefully and fill in the blanks. The dialogue will be played twice.

준배: 저 오늘부터 하루에 30분씩 운동하기로 17. _____ .

다혜: 그래요? 저 오늘부터 예지 씨랑 같이 운동하기로 18. _____ , 준배 씨도 같이 할래요?

준배: 아, 정말요? 좋아요. 몇 시에 만나기로 했어요?

다혜: 7시요. 호수 공원으로 오세요. 아! 그리고 운동 빠질 때마다 벌금* 19. _____ 했어요.

* 벌금 = *fine, penalty*

Section V - Speaking Practice

Section IV의 대화를 한두 문장씩 들려 드리고, 긴 문장은 나누어서 들려 드립니다. 잘 듣고 따라 하세요. 전체 대화문은 Answer Key에서 확인할 수 있습니다.

A native speaker will read the dialogue from Section IV one or two sentences at a time. If a sentence is too long, it may be split into two or three parts. Listen and repeat after each part. You can check out the complete dialogue in the Answer Key at the back of the book.

Vocabulary

톡톡	Talk-Talk (nickname for people who study Korean through TalkToMeInKorean)	결심하다	to make up one's mind	일기	diary, journal
		결심	resolution	쓰레기	garbage, trash
여러분	everyone	목표	goal	작심삼일	short-lived plan (lit. making up one's mind for just three days)
새해 복 많이 받으세요	Happy New Year	적어도	at least		
		-씩	each, respectively	매년	every year
올해	this year	그동안	so far, in the meantime	계단	stairs

층	floor
올라가다	to go up
이루다	to achieve, to accomplish
즐기다	to enjoy
호수	lake
벌금	fine, penalty

Lesson 6.
Advanced Idiomatic Expressions 13

Section I - Complete the Dialogue

밑줄 친 부분에 알맞은 말을 상자에서 골라 쓰세요. 각 표현은 한 번씩만 사용됩니다.

Fill in the blanks by choosing the most suitable expression from the box. Each expression is used only once.

- 일을 쉬다
- 일할 맛이 나다
- 일을 벌이다
- 일하고 결혼하다
- 일이 잘 풀리다

- 일이 손에 안 잡히다
- 볼일이 있다
- 일도 아니다
- 일이 산더미처럼 쌓여 있다
- 일 복이 많다

1. A: 우리 이번 달 안에 끝내야 하는 _____ 어요. 알죠?

   B: 네, 알아요. 걱정 말고 저만 믿으세요! 다 끝낼 수 있어요.

2. A: 와, 오랜만이다! 디자인 일은 잘 하고 있어?

   B: 아니, 그동안 일을 너무 열심히 해서 요즘에는 잠깐 _____ 고 있어.

3. A: 이번에 번역 일을 또 받았다면서요? 축하해요!

   B: 고마워요. 제가 _____ 가 봐요. 일이 계속 들어오네요.

4. A: 어제도 야근했다고요? _____ 어요? 좀 쉬세요.

   B: 괜찮아요. 중간에 쉬면 곤란해지는 일이라서 다 끝내고 쉬려고요.

5. A: 이번에 _____ 서 더 좋은 곳으로 이사하게 됐어요.

   B: 우와, 정말 축하해요!

6. A: 오늘 저녁에 같이 테니스 칠래요?

   B: 미안한데 오늘 저녁에는 ＿＿＿＿＿＿＿＿＿＿＿＿＿＿＿ 어서 안 될 것 같아요. 다음에 같이 쳐요.

7. A: 휴... ＿＿＿＿＿＿＿＿＿＿＿＿＿ 네요.

   B: 왜요? 무슨 걱정 있어요?

8. A: 새 회사는 좀 어때요?

   B: 정말 좋아요. 여기서는 제가 좋아하고 잘하는 일을 할 수 있어서 ＿＿＿＿＿＿＿＿＿ 요.

9. A: 행사 때 틀 음악을 고르고 있는데, 너무 어렵네요.

   B: 제가 골라 줄까요? 저는 다양한 장르의 음악을 많이 들어서, 행사에 어울리는 음악 고르는 건
   ＿＿＿＿＿＿＿＿＿＿＿＿ 에요.

10. A: 나는 이것도 하고 싶고, 저것도 하고 싶고, 하고 싶은 게 진짜 너무 많아서 큰일이야.

    B: 맞아. 그래서 너무 많은 ＿＿＿＿＿＿＿＿＿＿＿＿＿＿＿ 는 것 같아. 할 수 있는 만큼만 해.

Section II - Reading Comprehension

다음 글을 읽고 문제를 풀어 보세요.

Read the passage and answer the questions.

> 우리 사무실에 항상 늦게까지 일하는 선배가 있었다. 그 선배는 취미도 거의 없고 일밖에 몰라
> 서, 우리가 일하고 결혼했냐고 얘기할 정도였다. 그 선배가 출산 때문에 잠깐 일을 쉬다가 돌아
> 왔는데, 돌아왔을 때 일이 산더미처럼 쌓여 있는 것을 보고 자신은 일 복이 많은 것 같다고 말하
> 면서 좋아했다. 내가 아이 생각 때문에 일이 손에 안 잡히지 않냐고 하니까, 오히려 쉬다가 오니
> 까 일할 맛이 난다면서 웃었다. 이 선배... 일에 중독된 것일까?
>
> * Vocabulary
> 출산 = childbirth
> 중독되다 = to be addicted

11. What is this passage about?

    a. 자꾸 나만 보면 웃는 선배　　　　　　b. 일을 너무 좋아하는 선배

    c. 항상 늦게 출근하는 선배　　　　　　d. 항상 아이 이야기만 하는 선배

12. Choose the incorrect statement according to the passage above.

    a. 선배는 아이가 있다.   *b.* 선배는 취미가 많다.

    c. 선배는 일을 쉰 적이 있다.   *d.* 선배는 일이 많은 것을 좋아한다.

Section III - Listening Comprehension

대화를 잘 듣고 문제를 풀어 보세요.

Listen to the dialogue and answer the following questions.

13. Choose what is not appropriate for the woman to say next?

    a. 다른 사람 옷이랑 잠깐 바꿔 입으면 안 돼요?   *b.* 어디로 갈 거예요?

    c. 미팅 같이 갈까요?   *d.* 미팅이 언제인데요?

14. Choose the correct statement according to the dialogue.

    a. 여자는 오늘 되는 일이 없다.

    b. 남자는 아침에 오늘 일이 잘 풀릴 것 같다고 생각했다.

    c. 여자는 오늘 오후에 미팅에 가야 한다.

    d. 남자는 오늘 점심을 먹지 않았다.

15. Choose what the man did not experience today.

    a. 지하철에 문제가 생겼다.   *b.* 택시를 탔는데 길이 막혔다.

    c. 지각했다.   *d.* 넘어져서 옷이 더러워졌다.

Section IV - Dictation

대화를 잘 듣고 밑줄 친 부분에 알맞은 말을 쓰세요. 대화는 두 번 들려 드립니다.

Listen carefully and fill in the blanks. The dialogue will be played twice.

승완: 경화 씨, 지금 아르바이트 몇 개 하고 있어요?

경화: 두 개요. 근데 다음 주부터 한 개 더 하기로 했어요. 요즘 정말 16. ~~~~~~~~~~~~~~~~~~~~

승완: 너무 일밖에 모르는 거 아니에요? 일하고 결혼한 사람 같아요.

경화: 괜찮아요. 이 정도는 저한테 일도 아니에요.

승완: 17. ~~~~~~~~~~~~~~~~~~~~ ... 그래도 쉬엄쉬엄하세요.

Section V - Speaking Practice

Section IV의 대화를 한두 문장씩 들려 드리고, 긴 문장은 나누어서 들려 드립니다.
잘 듣고 따라 하세요. 전체 대화문은 Answer Key에서 확인할 수 있습니다.

A native speaker will read the dialogue from Section IV one or two sentences at a time. If a sentence is too long, it may be split into two or three parts. Listen and repeat after each part. You can check out the complete dialogue in the Answer Key at the back of the book.

Vocabulary

그동안	so far, in the meantime	틀다	to turn on	출산	childbirth	이따가	later
번역	translation	다양하다	to be various	중독되다	to be addicted	미팅	meeting
야근하다	to work overtime	선배	senior, superior	더럽다	to be dirty	쉬엄쉬엄 하다	to keep it loose, to take it easy

Section I - Translation Practice

[1~4] 다음 문장을 '-(ㄴ/는)다거나 -(ㄴ/는)다거나 하다'를 사용해서 한국어로 번역하세요.

Translate the following sentences into Korean using -(ㄴ/는)다거나 -(ㄴ/는)다거나 하다.

1. On Sundays, I do things like watch a movie or read a book.

   = ～～～～～～～～～～～～～～～～～～～～～～～～～～～～～～

2. If the clothes do not fit or you do not like them, go change into something else.

   = ～～～～～～～～～～～～～～～～～～～～～～～～～～～～～～

3. If you are a little cold or have a fever or something, please let me know right away.

   = ～～～～～～～～～～～～～～～～～～～～～～～～～～～～～～

4. I relieve stress when I do things like sing or draw.

   = ～～～～～～～～～～～～～～～～～～～～～～～～～～～～～～

[5~8] 다음 문장을 가장 적절하게 번역한 것을 고르세요. 정답이 두 개일 수도 있습니다.

Choose one that translates the best. More than one answer may be possible.

5. Kyeong-eun is probably at work or driving now.

   a. 경은 씨는 지금 회사에 있다거나 운전하고 있을 거예요.
   b. 경은 씨는 지금 회사에 있거나 운전하고 있을 거예요.

6. I have no choice but to skip a meal or eat something simple when I'm busy like I am these days.

   a. 요즘같이 바쁠 땐 굶는다거나* 간단하게 먹는다거나 할 수밖에 없어요.
   b. 요즘같이 바쁠 땐 굶거나 간단하게 먹거나 할 수밖에 없어요.

   * 굶다 = to skip a meal, to starve

7. I think it's going to be hard to go far if it rains or snows or something.

    a. 비가 오거나 눈이 오거나 하면 멀리 가는 건 어려울 것 같은데요.

    b. 비가 온다거나 눈이 온다거나 하면 멀리 가는 건 어려울 것 같은데요.

8. If you have any questions, you can either ask now or come to me after the class.

    a. 질문이 있으면 지금 물어보거나 수업이 끝나고 저한테 오세요.

    b. 질문이 있으면 지금 물어본다거나 수업이 끝나고 저한테 오세요.

Section II - Reading Comprehension

다음 글을 잘 읽고 문제를 풀어 보세요.

Read the passage carefully and answer the questions.

요즘 많은 사람들이 '거북목 증후군'으로 힘들어하고 있다. 사람의 목뼈는 원래 C자인데 목에 안 좋은 자세로 오래 있으면 목뼈가 일(一)자가 되어서 목이 앞으로 나오게 된다. (㉠) 그게 거북이 같아서 '거북목'이라고 부른다.

거북목 증후군은 핸드폰을 많이 사용하는 젊은 사람들에게 자주 생긴다. 그리고 매일 앉아서 컴퓨터를 사용하는 회사원들도 목을 뻗고 모니터를 보기 때문에 거북목이 되기 쉽다. 거북목을 그대로 두면 목은 물론이고 허리와 머리, 턱까지 안 좋아질 수 있기 때문에 빨리 고쳐야 한다. (㉡)

그럼 거북목을 고치거나 예방하려면 어떻게 해야 할까? 가장 좋은 방법은 바로 바른 자세다. 컴퓨터를 볼 때는 등과 목을 똑바로 하고 눈만 15도 정도 내리고 보는 게 좋다. (㉢) 컴퓨터 모니터가 너무 낮으면 목을 숙이게 되니까 모니터를 높이면 더 좋다. 그리고 아무리 자세가 좋다고 해도 같은 자세로 오래 있는 것은 좋지 않기 때문에, 한 시간에 한 번씩은 몸을 움직여 줘야 한다. (㉣)

* Vocabulary

증후군 = syndrome   자 = letter, character   자세 = posture, position   예방하다 = to prevent   도 = degree

9. What is this article talking about?

    a. 거북목에 좋은 자세

    b. 거북이의 목뼈와 사람의 목뼈

    c. 거북목 증후군의 원인과 예방법

    d. 거북목 증후군에 잘 걸리는 사람

10. Where does the following sentence best fit in the passage above?

> 또 낮은 베개를 사용한다거나 자세 교정* 운동을 하는 것도 도움이 된다.

* 교정 = correction

    a. ㉠   *b.* ㉡   *c.* ㉢   *d.* ㉣

11. Choose the correct statement according to the passage above.

    a. 거북이는 원래 목이 C자이다.

    b. 거북목은 나이가 많은 사람에게 자주 생긴다.

    c. 컴퓨터 모니터가 낮으면 좋지 않다.

    d. 거북목을 예방하려면 한 시간 동안 몸을 움직여야 한다.

Section III - Listening Comprehension

대화를 잘 듣고 문제를 풀어 보세요.

Listen to the dialogue and answer the following questions.

* 화면 = screen, picture, monitor
* 편집 = editing

12. What will the man buy after this dialogue?

    a.

    b.

    c.

    d.

13. Choose the activity that the man cannot do with the product.

    a. 영화 보기   *b.* 그림 그리기   *c.* 동영상 편집하기   *d.* 광고 만들기

14. Choose the correct statement according to the dialogue.

    a. 여자는 남자에게 무엇을 사려고 하냐고 물어봤다.

    b. 남자는 큰 화면은 싫다고 했다.

    c. 여자는 컴퓨터를 추천했다.

    d. 남자는 태블릿을 사 왔다.

Section IV - Dictation

대화를 잘 듣고 밑줄 친 부분에 알맞은 말을 쓰세요. 대화는 두 번 들려 드립니다.

Listen carefully and fill in the blanks. The dialogue will be played twice.

주연: 현우 씨는 기분이 안 좋다거나 스트레스를 15. _____ 어떻게 해요?

현우: 저는 그럴 때 공부를 16. _____ .

주연: 네? 기분이 안 좋은데 공부를 한다고요?

현우: 농담이에요. 왜요? 지금 기분 안 좋아요?

Section V - Speaking Practice

Section IV의 대화를 한두 문장씩 들려 드리고, 긴 문장은 나누어서 들려 드립니다.
잘 듣고 따라 하세요. 전체 대화문은 Answer Key에서 확인할 수 있습니다.

A native speaker will read the dialogue from Section IV one or two sentences at a time. If a sentence is too long, it may be split into two or three parts. Listen and repeat after each part. You can check out the complete dialogue in the Answer Key at the back of the book.

Vocabulary

굶다	to skip a meal, to starve	거북이	turtle	숙이다	to bow (one's head)	화면	screen, picture, monitor
거북목 증후군	forward head posture (lit. turtle neck syndrome)	모니터	monitor	-씩	each, respectively	태블릿	tablet PC
		턱	jaw, chin	베개	pillow	주로	mainly, usually
목뼈	neck bone	예방하다	to prevent	교정	correction	편집	editing
자	letter, character	바르다	to be straight, to be upright	도움이 되다	to be helpful	광고	advertisement, commercial
자세	posture, position	도	degree				

Lesson 8.
While Keeping the Current State
-(으)ㄴ/는 채로

Section I - Conjugation Practice

그림을 보고 상자 안 단어와 '-(으)ㄴ/는 채로'를 사용해서 남자가 할 말을 쓰세요.

Look at this picture of a room and write what the man will say about it by conjugating a word in the box with -(으)ㄴ/는 채로.

닫지 않다 / 두다 / 틀어 놓다 / 끄지 않다 / 하지 않다 / 치우지* 않다

* 치우다 = to tidy, to clean

큰일 났어요!

1. 불을 _____ 나왔어요.

2. 창문을 _____ 나왔어요.

3. TV를 _____ 나왔어요.

4. 물을 _____ 나왔어요.

5. 설거지를 _____ 나왔어요.

6. 핸드폰을 탁자 위에 _____ 나왔어요.

7. 피자를 _____ 나왔어요.

8. 냉장고 문을 _____ 나왔어요.

빨리 집으로 돌아가야 돼요!

Section II - Reading Comprehension

캐시의 일기를 읽고 문제를 풀어 보세요.

Read Cassie's diary entry and answer the questions.

오늘 한국 친구들한테 놀라운 이야기를 들었다. 잘 때 선풍기를 켜 놓은 채로 자면 죽는다는 이야기였다. 나는 처음 들어 보는 얘기였는데, 그곳에 있던 한국 친구들은 전부 들어 본 얘기라고 했다. 정확하게는 선풍기를 켜고 모든 문을 닫은 채로 자면 죽는다는 것이다. 나는 믿을 수가 없어서 집에 와서 찾아봤다. 한국 친구들이 이 이야기를 다 알고 있었던 이유가 있었다. TV 뉴스나 신문 기사에 누군가가 선풍기를 켜 놓고 자다가 죽었다는 이야기가 자주 나왔다고 한다. 그 이유로 이야기되는 것들은 '체온이 내려가서'랑 '공기가 적어져서'가 있었다. 그런데 잘 이해가 안 되는 게, 체온이 내려가는 건 선풍기보다 에어컨이 더 문제이지 않을까? 그리고 아무리 문을 다 닫는다고 해도, 공기가 부족해질 정도일지... 잘 모르겠다.

* Vocabulary

체온 = body temperature

9. Choose the incorrect statement based on Cassie's diary.

　　a. 캐시에게 선풍기와 죽음에 대해서 이야기한 사람은 한 명이다.

　　b. 캐시는 선풍기와 죽음에 대한 이야기에 동의하지 않는다.

　　c. 캐시는 선풍기와 죽음에 대한 이야기를 오늘 처음 들었다.

　　d. 캐시가 찾은, 선풍기와 죽음이 관련 있는 이유는 두 가지다.

10. Which is the most accurate about fan death according to Cassie's friends?

　　a. 선풍기를 켜고 자기만 해도 죽는다.

　　b. 모든 문을 닫은 채로 선풍기를 켜면 죽는다.

　　c. 선풍기를 켠 채로 문을 닫으면 죽는다.

　　d. 선풍기를 안 끄고, 모든 문을 닫고 자면 죽는다.

Section III - Listening Comprehension

토크쇼의 일부를 잘 듣고, 문제를 풀어 보세요.

Listen carefully to an excerpt of this talk show and answer the following questions.

* 충전 = charge

11. What are they talking about?

    a. 바보 같은 실수들

    b. 내가 아는 바보들

    c. 실수하지 않는 방법

    d. 나만 알고 있는 이야기

12. Choose the situation that was not mentioned during the talk show.

    a.

    b.

    c.

    d.

Section IV - Dictation

대화를 잘 듣고 밑줄 친 부분에 알맞은 말을 쓰세요. 대화는 두 번 들려 드립니다.

Listen carefully and fill in the blanks. The dialogue will be played twice.

예지: 사무실에서 13. _____ 운동이 있을까요?

동근: 그럼요. 제가 하나 알려 드릴게요. 먼저, 두 다리를 앞으로 쭉 뻗으세요.

예지: 그리고요?

동근: 14. _____ 발목을 앞뒤로 움직이세요. 어때요? 시원하죠?

예지: 오, 정말 시원하네요. 고마워요!

Section V - Speaking Practice

Section IV의 대화를 한두 문장씩 들려 드리고, 긴 문장은 나누어서 들려 드립니다.
잘 듣고 따라 하세요. 전체 대화문은 Answer Key에서 확인할 수 있습니다.

A native speaker will read the dialogue from Section IV one or two sentences at a time. If a sentence is too long, it may be split into two or three parts. Listen and repeat after each part. You can check out the complete dialogue in the Answer Key at the back of the book.

Vocabulary

틀다	to turn on	내려가다	to go down	주제	topic	쓰레기통	trash can
치우다	to tidy, to clean	공기	air	주머니	pocket	다리	leg
설거지	dishwashing	적다	to be few, to be little	충전	charge	발목	ankle
신문	newspaper			배터리	battery	앞뒤	front and back
체온	body temperature	부족하다	to be insufficient	휴지	tissue	시원하다	to be cool, to feel relaxed
		관련	related				

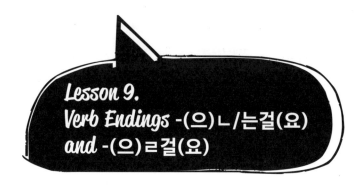

Lesson 9.
Verb Endings -(으)ㄴ/는걸(요)
and -(으)ㄹ걸(요)

Section I - Comprehension

밑줄 친 '-(으)ㄹ걸(요)'의 의미를 상자에서 골라 번호를 쓰고, 바꾸어 쓰세요.

Choose which meaning -(으)ㄹ걸(요) is used in the underlined part from the box and write the number in the parentheses. And then rewrite it with the given ending.

---

① *showing exclamation when you find out something new*

→ -네(요)

② *giving supporting evidence or facts while explaining or claiming something*

→ -아/어/여(요)

③ *making an assumption about something*

→ -(으)ㄹ 거예요, -(으)ㄹ 거야

④ *expressing regret about something you did or did not do in the past*

→ -(으)ㄴ/는 게 후회돼(요), 안 -(으)ㄴ/는 게 후회돼(요)

Ex) 아, 이번 시험 정말 어렵네! 공부 좀 할걸. (④)

→ 공부 안 한 게 후회돼.

1. 여행 가서 사진을 진짜 많이 찍었는데 카메라를 잃어버렸어요.
   사진을 미리 컴퓨터로 옮겨 놓을걸 그랬어요. (   )

   → ⁓⁓⁓⁓⁓⁓⁓⁓⁓⁓⁓⁓⁓⁓⁓

2. 저는 범인이 아니에요. 어젯밤 그 시간에 친구랑 공연 보고 있었는걸요. (   )

   → ⁓⁓⁓⁓⁓⁓⁓⁓⁓⁓⁓⁓⁓⁓⁓

3. 지금쯤 이미 영화 시작했을걸요? 빨리 들어가세요. (   )

    ✈ ~~~~~~~~~~~~~~~~~~~~~~~~~~~~~~~

4. 이 게임은 처음 해 보는데 의외로 쉬운걸요? (   )

    ✈ ~~~~~~~~~~~~~~~~~~~~~~~~~~~~~~~

5. 거기 너무 인기가 많아서 가 보나 마나 한 시간은 기다려야 할걸. (   )

    ✈ ~~~~~~~~~~~~~~~~~~~~~~~~~~~~~~~

6. 현우 씨가 그렇게 말했다고? 좀 실망*인걸. (   )

    ✈ ~~~~~~~~~~~~~~~~~~~~~~~~~~~~~~~

* 실망 = disappointment

7. 회의가 몇 시냐고요? 마케팅 회의는 이미 다 끝났는걸요. (   )

    ✈ ~~~~~~~~~~~~~~~~~~~~~~~~~~~~~~~

8. 뭐야, 오늘부터 할인이야? 나 이거 어제 샀는데, 사지 말걸. (   )

    ✈ ~~~~~~~~~~~~~~~~~~~~~~~~~~~~~~~

9. 이번 주에 비 온다고 들었는데, 캠핑 가려고요? 비 올 때 캠핑하면 진짜 힘들걸요. (   )

    ✈ ~~~~~~~~~~~~~~~~~~~~~~~~~~~~~~~

10. 와, TTMIK 이번 새 앨범* 대박**인걸? (   )

    ✈ ~~~~~~~~~~~~~~~~~~~~~~~~~~~~~~~

* 앨범 = album
** 대박 = a big hit, amazing

Section II - Reading Comprehension

다음 기사를 읽고 문제를 풀어 보세요.

Read the following article and answer the questions.

<1>

50대 남녀 100명에게 물었다,
"20대 때 가장 후회되는 일은?"

1. "부모님께 더 자주 사랑한다고 말할걸."

2. "외국어를 더 많이 배울걸."

3. "더 많은 곳을 여행할걸."

4. "건강을 잘 챙길걸."

5. "내가 먼저 미안하다고 할걸."

6. "꿈을 포기하지 말걸."

7. "담배를 끊을걸."

8. "더 많이 놀걸."

9. "다른 사람의 시선을 너무 의식하지 말걸."

10. "좋아하는 것을 더 많이 할걸."

<2>

모든 사람은 인생을 살면서 후회를 하게 된다.

㉠ 자, 그럼 오늘 바로 부모님한테 사랑한다고 말하는 것은 어떨까?

㉡ 후회를 하면서 잘못을 생각해 보고 더 좋은 미래를 준비할 수 있기 때문이다.

㉢ 하지만 후회는 꼭 나쁜 것이 아니다.

㉣ 그렇다고 해도 후회할 일이 적으면 적을수록 좋다.

* Vocabulary
20대 = people in their 20s
의식하다 = to be conscious of

11. According to the article above, which situation would a person in their 50s regret?

    a. 내 옷을 보고 한 친구가 이상하다고 해서 그 옷을 다시 입지 않았다.

    b. 부모님이 반대했지만 작곡을 배우고 노래를 만들었다.

    c. 대학생 때 공부하지 않고 너무 많이 놀았다.

    d. 친구랑 싸웠는데 내가 먼저 사과했다.

12. Choose all the people who did not understand the article properly.

    a. 다혜: 좋아하는 일보다 잘하는 일을 하는 게 좋을 것 같아.

    b. 경화: 난 영어, 중국어, 일본어, 스페인어를 할 줄 아니까 이제 다른 언어는 안 배워도 되겠지?

    c. 소희: 오늘 엄마한테 전화해서 사랑한다고 말해야겠어.

    d. 지나: 역시 여행하는 것보다 운동하는 것이 더 중요하구나.

13. Rearrange the sentences in passage < 2 > into the correct order.

    a. ㉠ – ㉡ – ㉢ – ㉣   b. ㉠ – ㉣ – ㉡ – ㉢

    c. ㉢ – ㉣ – ㉠ – ㉡   d. ㉢ – ㉡ – ㉣ – ㉠

Section III - Listening Comprehension

노래를 잘 듣고 문제를 풀어 보세요.

Listen to the song and answer the following questions.

14. In the song, the sentence ending -(으)ㄹ걸 appeared in the five ways seen below. Choose the one where it is used with a different meaning than the other four.

    a. 먹을걸   b. 살걸   c. 갈걸   d. 놀걸   e. 후회할걸

15. What is the message of this song?

    a. 떡볶이를 드세요   b. 후회하지 마세요

    c. 원하는 걸 하세요   d. 나중에 다 하세요

Section IV - Dictation

대화를 잘 듣고 밑줄 친 부분에 알맞은 말을 쓰세요. 대화는 두 번 들려 드립니다.

Listen carefully and fill in the blanks. The dialogue will be played twice.

준배: 예지 씨 사무실에 있겠죠?

경은: 16. _____ .

준배: 아, 예지 씨한테 할 말 있었는데... 아까 나오기 전에 17. _____

경은: 오늘 꼭 해야 하는 말이면 문자 보내세요. 아마 바로 18. _____

Section V - Speaking Practice

Section IV의 대화를 한두 문장씩 들려 드리고, 긴 문장은 나누어서 들려 드립니다.
잘 듣고 따라 하세요. 전체 대화문은 Answer Key에서 확인할 수 있습니다.

A native speaker will read the dialogue from Section IV one or two sentences at a time. If a sentence is too long, it may be split into two or three parts. Listen and repeat after each part. You can check out the complete dialogue in the Answer Key at the back of the book.

Vocabulary

미리	beforehand, in advance	앨범	album
실망	disappointment	대박	a big hit, amazing
캠핑	camping	남녀	man and woman
캠핑하다	to camp	20대	people in their 20s
		챙기다	to take care of

담배	cigarette	작곡	composition
의식하다	to be conscious of	사과하다	to apologize
미래	future	역시	as expected
하지만	however	그곳	that place, there
반대하다	to oppose, to object		

Lesson 10.
Sentence Building Drill 18

Section I - Comprehension

밑줄 친 부분과 뜻이 가장 다른 것을 고르세요.

Choose the phrase that does not mean the same thing as the underlined part.

1. 원래 오늘 친구 보기로 <u>했는데</u>, 일이 많아서 취소됐어요.

   a. 친구랑 약속이 있었는데

   b. 친구 만나기로 했는데

   c. 친구가 보고 싶다고 했는데

2. 원래 오늘 친구 보기로 했는데, <u>일이 산더미처럼 쌓여 있어서 취소됐어요.</u>

   a. 일 복이 없어서 못 만나게 됐어요

   b. 일이 안 끝나서 못 보게 됐어요

   c. 일이 많아서 못 만나게 됐어요

3. <u>아무리 이게 유행이라지만</u>, 저는 따라 하기 어려운걸요.

   a. 이게 인기가 많다지만

   b. 이게 인기가 많은 건 알지만

   c. 이게 인기가 많을 거라고 해도

4. 아무리 이게 유행이라지만, <u>저는 따라 하기 어려운걸요.</u>

   a. 저는 못 따라 하겠어요

   b. 저는 따라하기 싫어요

   c. 저는 따라 하기 어려운데요

5. 저는 중요한 공부를 한다거나 단어를 외운다거나 할 때 빼고는 공부하러 카페에 가는 걸 좋아해요.

    a. 중요한 공부를 하거나 단어를 외워야 할 때라도

    b. 중요한 공부를 할 때나 단어를 외울 때 말고는

    c. 중요한 공부를 하거나 단어를 외울 때 아니면

6. 저는 중요한 공부를 한다거나 단어를 외운다거나 할 때 빼고는 공부하러 카페에 가는 걸 좋아해요.

    a. 공부하러 카페에 가려고 해요

    b. 카페에서 공부하는 게 좋아요

    c. 카페가 공부하기 좋더라고요

7. 선크림을 안 바른 채로 해변에 누워 있었더니 얼굴이 다 탔어요.

    a. 선크림을 안 바르고

    b. 선크림을 안 바르면서

    c. 선크림을 안 바른 상태*로

                                                     * 상태 = condition, state

8. 선크림을 안 바른 채로 해변에 누워 있었더니 얼굴이 다 탔어요.

    a. 얼굴이 다 타 버렸어요.

    b. 얼굴이 까매졌어요.

    c. 얼굴을 붉혔어요.

9. 지금이라도 빨리 출발하면 비행기 안 놓칠걸요.

    a. 지금 늦었지만 빨리 가면

    b. 지금은 너무 늦어서 빨리 간다고 해도

    c. 좀 늦긴 했지만 그래도 지금 출발하면

10. 지금이라도 빨리 출발하면 비행기 안 놓칠걸요.

    a. 비행기 놓치지 않을 거예요.

    b. 비행기 탈 수 있지 않을까요?

    c. 비행기를 놓친 게 후회돼요.

Section II - Reading Comprehension

다음 안내문을 읽고 문제를 풀어 보세요.

Read the following notice and answer the questions.

Talk To Me In Korean Festival

제1회 TTMIK 한국 문화 축제에 초대합니다!

한국 요리 수업, 글쓰기 수업, 한국어 말하기 대회 등

다양한 행사가 여러분을 기다리고 있습니다.

한국 음식은 물론이고, 세계 여러 나라의 음식을 먹을 수 있는 기회도 있어요!

각 행사마다 많은 선물도 준비되어 있으니까 놓치지 마세요!

날짜 20XX년 5월 10일 (토)   **참가비** 5,000원

장소 TTMIK 학교 운동장

<행사 일정>

시간	행사
10:00 ~ 10:30	인사 & 소개
10:30 ~ 12:00	한국 음식 요리 - 김밥 만들기
12:00 ~ 13:00	점심 (김밥)
13:00 ~ 14:00	글쓰기 수업 / 한국화 그림 수업 ★ 선물 있음
14:00 ~ 16:00	한국어 말하기 대회 1등: 300만 원 (1명) 2등: 100만 원 (1명) 3등: 50만 원 (1명)
16:00 ~ 17:00	한국어 퀴즈 / 한국 전통 게임 ★ 선물 있음

17:00 ~ 19:00	저녁 (세계 음식)
19:00 ~ 21:00	공연

※ 같은 시간에 진행되는 행사는 하나만 골라서 참가할 수 있습니다.

※ 말하기 대회는 행사 전에 참가 신청을 해야 합니다. 참가를 희망하는 분은
4월 30일까지 주제를 정해서 아래 메일로 보내 주세요.

E-mail: festival***@talktomeinkorean.com

Vocabulary
퀴즈 = quiz

11. Write "O" if the statement is correct, and "X" if it is not correct.

a. 이 축제는 무료다. ~~~~~~

b. 이 축제에 참가하려면 행사 중에 신청을 해야 한다. ~~~~~~

c. 이 축제는 하루 동안 진행된다. ~~~~~~

d. 이 축제에 참가하면 선물을 받을 수 있다. ~~~~~~

e. 이 축제에 가면 다양한 나라의 음식을 먹어 볼 수 있다. ~~~~~~

f. 축제에 대한 것은 전화로 물어볼 수 있다. ~~~~~~

g. 이 축제는 작년에도 열렸다. ~~~~~~

h. 이 축제에 가면 글쓰기 수업과 그림 수업 둘 다 들을 수 있다. ~~~~~~

i. 점심 메뉴는 정해져 있다. ~~~~~~

Section III - Listening Comprehension

대화를 잘 듣고 문제를 풀어 보세요.

Listen to the dialogue and answer the following questions.

기대되다 = to be excited about, can't wait, to look forward to

12. Look at the notice from Section II again. According to the dialogue, which portion of the schedule do they seem to be participating in?

a. 점심   b. 한국화 수업   c. 말하기 대회   d. 공연

13. What does the last word the woman says mean?

    a. 어려운 내용이어서 나는 알아들은 것을 후회했어.   b. 어려운 내용이어서 너는 못 알아들을 거야.

    c. 어려운 내용이어서 나는 못 알아들었는데.   d. 어려운 내용이어서 나는 못 알아듣겠네!

14. What can you not assume from this conversation?

    a. 남자와 여자는 이런 축제에 가 본 적이 있다.   b. 남자와 여자는 같은 나라 사람이다.

    c. 여자는 공연을 기대하고 있다.   d. 둘 다 그림을 그렸다.

Section IV - Dictation

대화를 잘 듣고 밑줄 친 부분에 알맞은 말을 쓰세요. 대화는 두 번 들려 드립니다.

Listen carefully and fill in the blanks. The dialogue will be played twice.

동근: 보람 씨, 오늘 희주 씨 만나죠?

보람: 아, 원래 15. _____, 희주 씨가 일이 산더미처럼

       16. _____ 취소했어요.

동근: 정말요? 17. _____, 어떻게 약속을 당일에 취소해요?

보람: 하하. 저희 둘은 원래 당일에도 약속을 여러 번 바꾸는 편이에요.

Section V - Speaking Practice

Section IV의 대화를 한두 문장씩 들려 드리고, 긴 문장은 나누어서 들려 드립니다.
잘 듣고 따라 하세요. 전체 대화문은 Answer Key에서 확인할 수 있습니다.

A native speaker will read the dialogue from Section IV one or two sentences at a time. If a sentence is too long, it may be split into two or three parts. Listen and repeat after each part. You can check out the complete dialogue in the Answer Key at the back of the book.

Vocabulary

외우다	to memorize	다양하다	to be various	한국화	Korean painting	기대되다	to be excited about, can't wait, to look forward to
해변	beach	여러분	everyone	퀴즈	quiz		
상태	condition, state	여러	many, a number of	전통	traditional	기대하다	to expect, to look forward to
축제	festival			신청	registration		
글쓰기	writing	각	each, every	주제	topic, subject	당일	the day of the event, the due date
등	et cetera	-비	fee	아래	below		

Lesson 11.
Expressing Assumptions
-(으)ㄹ 텐데

Section I - Matching

자연스러운 문장이 되도록 A와 B를 연결한 후, 한 문장으로 쓰세요.

Take a sentence fragment from column A, match it with the most appropriate fragment from column B, and write it as one sentence on the line below.

A	B
1. 겨울이었으면	a. 축구 선수가 됐을 텐데.
2. 사람들이랑 같이 하면 훨씬 쉬울 텐데	b. 회사 안 가고 놀면 참 좋을 텐데.
3. 혼자 살면	c. 안 다쳤을 텐데.
4. 어렸을 때부터 운동을 했으면	d. 치킨 사 줄까요?
5. 늦을 거라고 연락을 줬으면	e. 스키 타러 갔을 텐데.
6. 이미 늦어서 아무리 빨리 뛰어가도	f. 카페에라도 들어가 있었을 텐데.
7. 걸으면서 핸드폰 안 봤으면	g. 버스 못 탈 텐데.
8. 오늘같이 날씨 좋은 날	h. 매일 친구들 불러서 놀 텐데.
9. 늦게까지 일해서 배고플 텐데	i. 왜 힘들게 혼자 하고 있어요?

1. _____

2. _____

3. _____

4. _____

5. _____

6. _____

7. _____

8. _____

9. _____

Section II - Reading Comprehension

다음 시를 읽고 문제를 풀어 보세요.

Read the following poem and answer the questions.

좋을 텐데

우리가 사는 세상
아픔이 가득한 세상

아파하고
또 슬퍼하고

화를 내고
또 상처받고

상처 주고
또 상처받고

우리가 살 세상
행복이 가득한 세상

모두가 웃으면

더 아름다울 텐데

모두가 손 잡으면

더 따뜻할 텐데

모두가 꿈꾸면

더 행복할 텐데

좋을 텐데,

그러면 참 좋을 텐데.

10. What is the key message of the poem?

   a. 평화   b. 사랑   c. 우정   d. 후회

11. Choose the person who did not behave in the way the speaker of the poem wishes.

   a. 석진: 요즘 친구가 힘들다고 했는데, 이야기를 좀 더 잘 들어 줄걸.

   b. 희주: 백화점 직원이 불친절하길래 화나서 신고했어.

   c. 두루: 길에 할머니가 무거운 짐을 들고 가시길래 들어 드렸어.

   d. 수민: 어제 모르는 사람이 내 옷에 커피를 쏟았는데 괜찮다고 말했어.

Section III - Listening Comprehension

대화를 잘 듣고 문제를 풀어 보세요.

Listen to the dialogue and answer the following questions.

* 인 = formal counter for people

* -분 = portion

12. What was the server not worried about?

   a. 많이 비쌀까 봐   b. 양이 적을까 봐

   c. 너무 매울까 봐   d. 오래 걸릴까 봐

13. What is correct about 찜닭 and 닭갈비?

    a. 찜닭은 닭갈비보다 매운 편이다.

    b. 닭갈비가 찜닭보다 인기가 많다.

    c. 찜닭에는 간장, 닭갈비에는 고추장이 들어간다.

    d. 매운 것을 잘 먹는 사람들은 닭갈비가 맵지 않다고 느낀다.

14. What is correct about the customers?

    a. 음식을 덜 맵게 할 수 있는지 물어봤다.

    b. 한 사람은 매운 것을 잘 먹는 편이다.

    c. 다른 메뉴를 추천해 달라고 말했다.

    d. 두 사람은 다른 음료를 주문했다.

15. Choose the correct receipt that the server will bring to the table right after the conversation. (You can ignore the prices.)

a.

영수증

닭갈비 2 - - - - - - - - 18,000
콜라 2 - - - - - - - - - 2,000
_____

Total - - - - - - - - - 20,000

b.

영수증

찜닭 2 - - - - - - - - - 18,000
밥 2 - - - - - - - - - - 2,000
콜라 2 - - - - - - - - - 2,000
_____

Total - - - - - - - - - 22,000

c.

영수증

닭갈비 2 - - - - - - - - 18,000
밥 1 - - - - - - - - - - 1,000
콜라 1 - - - - - - - - - 1,000
_____

Total - - - - - - - - - 20,000

d.

영수증

찜닭 2 - - - - - - - - - 18,000
밥 1 - - - - - - - - - - 1,000
콜라 2 - - - - - - - - - 2,000
_____

Total - - - - - - - - - 21,000

Section IV - Dictation

대화를 잘 듣고 밑줄 친 부분에 알맞은 말을 쓰세요. 대화는 두 번 들려 드립니다.

Listen carefully and fill in the blanks. The dialogue will be played twice.

경화: 오늘 월요일이어서 16. _____ 어떻게 왔어요?

두루: 오늘 쉬는 날이에요. 아, 그리고 오늘 경화 씨 생일이죠? 제가 작은 선물을 준비했어요.

경화: 선물요? 우와! 고마워요. 근데 이거... 17. _____...

두루: 아니에요. 별로 안 비싸요. 근데 주연 씨는 안 왔어요?

경화: 아직 안 왔어요. 오늘 18. _____, 아직 안 보이네요.

Section V - Speaking Practice

Section IV의 대화를 한두 문장씩 들려 드리고, 긴 문장은 나누어서 들려 드립니다.
잘 듣고 따라 하세요. 전체 대화문은 Answer Key에서 확인할 수 있습니다.

A native speaker will read the dialogue from Section IV one or two sentences at a time. If a sentence is too long, it may be split into two or three parts. Listen and repeat after each part. You can check out the complete dialogue in the Answer Key at the back of the book.

Vocabulary

가득하다	to be full	쏟다	to spill
아파하다	to feel pain	찜닭	jjimdak (braised chicken with vegetables)
상처	wound, hurt		
모두	all	닭갈비	dakgalbi (spicy stir-fried chicken with vegetables)
꿈꾸다	to dream		
할머니	grandmother, old woman	간장	soy sauce

고추장	red pepper paste	근데	but, by the way (short for 그런데)
영수증	receipt		
인	formal counter for people	양	amount, quantity
		적다	to be little, to be few
-분	portion		
소스	sauce	그럼	sure
		음료	drink, beverage

Lesson 12.
Sharing What You Have Seen or Heard

-던데요, -다던데요

Section I - Complete the Dialogue

다음 표현 상자에서 알맞은 단어를 고르고, 문법 상자에서 적절한 어미를 골라서 대화를 완성하세요. 어미는 한 번 이상 쓰일 수 있습니다.

Complete the dialogues by choosing the appropriate word from the expression box and conjugating it with the right ending from the grammar box. Each ending can be used more than once.

표현 상자

- 진짜 꽃
- 살다
- 어렵다
- 친구
- 잘하다
- 살기 좋다
- 고장 나다
- 닫다
- 바쁘다
- 추다

문법 상자

- -던데(요)
- -는다던데(요)
- -이었/였던데(요)
- -다던데(요)
- -(으)ㄴ다던데(요)
- -았/었/였던데(요)
- -았/었였다던데(요)
- -이었/였다던데(요)
- -(이)던데(요)
- -(이)라던데(요)

---

l. A: 냉장고 새로 살 거야? 좀 전에 보니까 ~~~~~~~~~~~~~~~~~~~~~~~ .

　　B: 아니. 고쳐서 쓸 거야.

2. A: 저 곧 이사 가야 하는데, 어디로 갈지 고민이에요.

　　B: 음, 제 친구가 TTMIK 학교 옆에 사는데 근처에 강도 있고 ~~~~~~~~~~~~~~~~~~~~~

3. A: 이번 TTMIK 축제에서 현우가 춤을 ~~~~~~~~~~~~~~~~~~~~~~~~, 갈 거야?

　　B: 당연하지! 제일 앞에서 소리 지를 거야!

4. A: 그 학교 들어가기 ~~~~~~~~~~~~~~~~~~~~~~~, 어떻게 들어갔어요?

　　B: 성적이 좋았고, 교장 선생님께서 추천하는 글을 잘 써 주셨어요.

5. A: 캐시 씨가 한국어를 진짜 〰〰〰〰〰〰〰〰〰〰〰〰〰〰〰, 캐시 씨랑 이야기해 본 적 있어요?

   B: 네, 한국 사람 같더라고요. 한국에서 3년 정도 〰〰〰〰〰〰〰〰〰〰〰〰〰〰.

6. A: 오늘 경화 집에 놀러 가는 거, 석진이한테도 갈 수 있는지 물어볼까?

   B: 음, 아마 안 간다고 할걸. 도서관에서 봤는데 발표 준비하느라 〰〰〰〰〰〰〰〰〰〰〰〰〰〰〰〰〰〰.

7. A: 이 호텔 음식 진짜 맛있네요. 배도 부른데 이제 수영하러 갈까요?

   B: 좋아요. 근데 수영장 저녁 8시에 〰〰〰〰〰〰〰〰〰〰〰〰〰, 지금 7시 30분이에요. 빨리 가요.

8. A: 저 둘은 무슨 사이예요? 굉장히 친해 보여서요.

   B: 아, 둘이 대학교 〰〰〰〰〰〰〰〰〰〰〰〰〰〰〰〰?

9. A: 저 꽃은 진짜 꽃일까요, 가짜 꽃일까요?

   B: 아! 〰〰〰〰〰〰〰〰〰〰〰〰〰〰? 제가 아까 만져 봤어요.

Section II - Reading Comprehension

다음 글을 읽고 문제를 풀어 보세요.

Read the following and answer the questions.

TTMIK 영화 이야기

소개

도시에 사는 일곱 살 '현우'가 할머니가 혼자 살고 계신 시골집에서 지내게 된다. '현우'는 말도 못 하고 글도 못 읽고 재미없는 할머니를 별로 좋아하지 않는다. 매일 장난을 치고 할머니를 힘들게 하지만, 할머니는 누구보다도 '현우'를 사랑하신다. '현우'와 할머니는 어떤 추억을 만들까?

★★★★★ 10 돌아가신 할머니가 생각나서 많이 울었어요. 할머니한테 더 잘해 드릴걸...

★★★★★ 10	할머니, 할아버지, 아버지, 어머니, 사랑해요.	
★★★★★ 10	솔직히 가족 영화들은 다 비슷하던데, _____ ㉠ _____ .	
★★★★★ 10	말이 필요 없는 최고의 가족 영화.	
★★★★☆ 9.5	할머니께서 하신 닭 요리가 _____ ㉡ _____ , 먹어 보고 싶어요. 영화는 좋았음.	

* Vocabulary
장난을 치다 = to play pranks

10. Choose the correct statement about the movie.

    a. 할머니는 할아버지와 같이 살고 있다.   *b.* 현우는 할머니가 재미없다고 생각한다.

    c. 할머니는 현우와 이야기하는 것을 좋아한다.   *d.* 현우는 할머니를 만나러 시골에서 도시로 갔다.

11. Choose the incorrect statement about the reviews.

    a. 영화를 본 사람들은 거의 모두 영화가 아주 좋았다고 했다.

    b. 영화를 본 후 가족을 생각한 사람들이 많았다.

    c. 영화를 볼 필요가 없다고 한 사람도 있었다.

    d. 영화를 보고 운 사람도 있었다.

12. Choose the inappropriate phrase for ㉠.

    a. 이 이야기는 새로웠어요.   *b.* 이 이야기는 어디서 본 것 같아요.

    c. 이 이야기는 좀 특별했어요.   *d.* 이 영화는 좀 다르던데요?

13. Choose the appropriate phrase for ㉡.

    a. 맛있어 보이던데   *b.* 맛있다던데   *c.* 맛있던데   *d.* 맛있어 보였던데

Section III – Listening Comprehension

대화를 잘 듣고 문제를 풀어 보세요.

Listen to the dialogue and answer the following questions.

14. Choose what you can find out about the director from the dialogue.

   a. 시골에서 산 적이 있다.   b. 어렸을 때 치킨을 좋아했다.

   c. 할머니가 돌아가셨다.   d. 일곱 살 아들이 있다.

15. Choose the correct statement according to the dialogue.

   a. 감독은 영화 속 치킨 장면에 대한 질문을 처음 받았다.

   b. 영화 속의 할머니는 '현우'의 실제 할머니이다.

   c. 감독은 대학생 때 서울에 처음 왔다.

   d. 할머니는 실제로 말을 못 하시는 분이다.

Section IV - Dictation

대화를 잘 듣고 밑줄 친 부분에 알맞은 말을 쓰세요. 대화는 두 번 들려 드립니다.

Listen carefully and fill in the blanks. The dialogue will be played twice.

준배: 혹시 주연 씨 한국 돌아왔어요?

윤아: 아니요. 다음 달에 16. _____ .

준배: 그래요? 어제 사무실 앞을 17. _____ ...

윤아: 잘못 봤겠죠. 아직 18. _____ .

Section V - Speaking Practice

Section IV의 대화를 한두 문장씩 들려 드리고, 긴 문장은 나누어서 들려 드립니다.
잘 듣고 따라 하세요. 전체 대화문은 Answer Key에서 확인할 수 있습니다.

A native speaker will read the dialogue from Section IV one or two sentences at a time. If a sentence is too long, it may be split into two or three parts. Listen and repeat after each part. You can check out the complete dialogue in the Answer Key at the back of the book.

Vocabulary

축제	festival	장난을 치다	to play pranks	솔직히	honestly	여러분	everyone
근데	but, by the way (short for 그런데)	추억	memory	시골	the country, the countryside	연기	acting
꽃	flower	돌아가다	to pass away	모두	all	부분	part
할머니	grandmother, old woman	* 돌아가다 is always used with -시- as 돌아가시다 with the meaning of "to pass away".	아들	son	실제	real, true, actual
시골집	country home, cottage	생각나다	to come to mind	감독	director	경험	experience
		할아버지	grandfather, old man	속	the inside		

Section I - Complete the Sentence

[1~5] 적절한 단어를 사용해서 자유롭게 문장을 완성하세요.

Complete the sentences by using your own ideas.

1. 오늘 커피를 많이 마셔서 ～～～～～～～～～～～～～～～～～～～～～.

   오늘 커피를 많이 마시는 바람에 ～～～～～～～～～～～～～～～～～.

2. 아침에 늦게 일어나서 ～～～～～～～～～～～～～～～～～～～～～～.

   아침에 늦게 일어나는 바람에 ～～～～～～～～～～～～～～～～～～.

3. 컴퓨터가 고장 나서 ～～～～～～～～～～～～～～～～～～～～～～～.

   컴퓨터가 고장 나는 바람에 ～～～～～～～～～～～～～～～～～～～.

4. 갑자기 비가 와서 ～～～～～～～～～～～～～～～～～～～～～～～～.

   갑자기 비가 오는 바람에 ～～～～～～～～～～～～～～～～～～～～.

5. 밤에 창문을 열고 자서 ～～～～～～～～～～～～～～～～～～～～～～.

   밤에 창문을 열고 자는 바람에 ～～～～～～～～～～～～～～～～～～.

[6~10] 밑줄 친 부분에 들어갈 말로 적절한 것을 골라 문장을 완성하세요.

Complete the sentence by choosing the appropriate phrase for the blank.

• 바람맞은   • 바람을 넣어서   • 무슨 바람이 불어서
• 바람 좀 쐬고   • 잠옷 바람으로

6. 편의점이 가까우니까 아이스크림 사러 ＿＿＿＿＿＿＿＿＿ 나갔어요.

7. 내 동생이 한국 여행 갔다가 너무 좋다고 ＿＿＿＿＿＿＿＿＿ 나도 유학 오게 됐어.

8. ＿＿＿＿＿＿＿＿＿ 이렇게 화장을 열심히 해?

9. 점심도 안 먹고 일했더니 눈도 아프고 답답하네. 잠깐 ＿＿＿＿＿＿＿＿＿ 올까?

10. 한 시간 기다렸는데 아직도 연락 없는 걸 보면, 나 ＿＿＿＿＿＿＿＿＿ 것 같아.

Section II - Reading Comprehension

다음 일기를 읽고 문제를 풀어 보세요.

Read the following diary entry and answer the questions.

드디어 하와이에 간다! 세 달 전부터 다혜가 계속 하와이에 가자고 ＿＿＿⑦＿＿＿ 다 같이 가기로 했다. 원래는 어제가 출발하기로 한 날이었는데, 많은 일들이 있었다. 우리 비행기가 저녁 8시 35분에 출발하는 비행기여서 5시 30분까지 공항에서 만나기로 했는데, 소희가 오지 않았다. 그래서 전화를 해 보니까 ⓐ소희는 시계를 잘못 보는 바람에 조금 늦게 출발했다고 했다. 다행히 10분 후에 소희가 도착했고, 우리는 모두 체크인을 하기 위해 줄을 섰다. 그런데 이번에는 경화가 여권을 안 가져왔다고 했다. ⓑ그 바람에 경화는 비행기를 타러 들어갈 수 없었고, 결국 혼자 집으로 다시 가야 했다. 남은 우리는 체크인을 하고 들어가서 비행기를 타기 위해 기다렸다. 그런데 갑자기 비가 많이 오는 바람에 출발이 30분 정도 지연됐다. 그리고 30분이 지났을 때, 비행기에 문제가 있어서 아예 ⓒ출발할 수 없다는 안내 방송이 나왔다. 그래서 우리는 모두 집으로 돌아가야 했고, ⓓ오늘 이렇게 다시 공항에 오게 된 것이다. 다행히 오늘은 아무 문제 없이 다 같이 비행기에 탈 수 있었다.

20XX. 7. 28.

하와이로 출발하는 비행기 안에서

* *Vocabulary*
안내 방송 = *announcement*

11. Which is the most appropriate for the blank ㉠?

    a. 바람을 쐬어서   *b.* 바람맞는 바람에

    c. 바람을 넣어서   *d.* 무슨 바람이 불어서

12. How would the writer likely feel if the underlined situations in the entry happened?

	ⓐ	ⓑ	ⓒ	ⓓ
a.	화가 난다	행복하다	당황스럽다	속상하다
b.	화가 난다	속상하다	행복하다	당황스럽다
c.	당황스럽다	속상하다	화가 난다	행복하다
d.	당황스럽다	행복하다	속상하다	화가 난다

13. Choose the incorrect statement.

    a. 어제 비행기는 날씨 때문에 출발할 수 없었다.

    b. 어제 소희는 비행기를 못 탈 뻔했다.

    c. 이 사람은 지금 비행기에 타고 있다.

    d. 다혜가 먼저 하와이에 가자고 했다.

Section III - Listening Comprehension

대화를 잘 듣고 문제를 풀어 보세요.

Listen to the dialogue and answer the following questions.

* 채식 = vegetarian diet
* 상관없다 = to have nothing to do with
* 치익 = the sound of putting meat on a hot grill

14. Choose the correct statement according to the dialogue.

    a. 여자는 바람이 많이 불어서 채식을 하지 않기로 했다.

    b. 남자는 여자한테 채식을 하라고 바람을 넣고 있다.

    c. 여자는 잠옷 바람으로 고기를 먹으러 나왔다.

    d. 남자는 채식을 해서 바람맞았다.

15. Why did the man decide to go vegetarian? More than one answer may be possible.

    a. 동물들이 불쌍해서   *b.* 건강을 위해서

    c. 고기가 맛없어서   *d.* 환경을 위해서

Section IV - Dictation

대화를 잘 듣고 밑줄 친 부분에 알맞은 말을 쓰세요. 대화는 두 번 들려 드립니다.

Listen carefully and fill in the blanks. The dialogue will be played twice.

예지: 준배 씨, 늦어서 미안해요. 버스를 16. ～～～～～～～～～～～～～ ...

준배: 아, 그랬군요. 전화했는데 안 받아서 걱정했어요.

예지: 핸드폰을 17. ～～～～～～～～～～～～～～～～～～～ 연락할 방법이 없었어요. 많이 기다렸죠?

준배: 아니에요. 괜찮아요.

Section V - Speaking Practice

Section IV의 대화를 한두 문장씩 들려 드리고, 긴 문장은 나누어서 들려 드립니다.
잘 듣고 따라 하세요. 전체 대화문은 Answer Key에서 확인할 수 있습니다.

A native speaker will read the dialogue from Section IV one or two sentences at a time. If a sentence is too long, it may be split into two or three parts. Listen and repeat after each part. You can check out the complete dialogue in the Answer Key at the back of the book.

Vocabulary

하와이	Hawaii	지연되다	to be delayed	환경	environment	일회용품	single-use product
시계	clock	지나다	to pass	소고기	beef	채식하다	to live on vegetables
다행히	fortunately, luckily	안내 방송	announcement	돼지고기	pork		
모두	all	채식	vegetarian diet	생선	fish	치익	the sound of putting meat on a hot grill
여권	passport	샐러드	salad	상관없다	to have nothing to do with		
체크인	check-in	불쌍하다	to be pitiful, to be pathetic				

Lesson 14.
Expressing Reactions
-다니/라니

Section I - Fill in the Blank

박스 안의 표현 중 하나를 사용해서 밑줄 친 부분에 알맞은 말을 쓰세요.

Fill in the blanks using one of the grammar points from the box.

• -다니	• -이/가 아니라니	• -았/었/였다니	• -이/가 아니었다니
• -(이)라니	• -ㄴ/는다니	• -이었/였다니	• -(으)라니

1. *(He) is still not here? Can you believe it?*

   = ~~_____~~ 이게 말이 되나요?

2. *It makes me so angry that (you) lied again.*

   = ~~_____~~ 정말 화가 나네요.

3. *Telling (me) to do this all by myself makes no sense.*

   = ~~_____~~ 말도 안 돼요.

4. *I heard that Boram's new house is close to the office. That's a relief.*

   = ~~_____~~ 다행이네요.

5. *(I cannot believe that) Cassie has already left Korea!*

   = 캐시 씨가 ~~_____~~ !

6. *He is not the culprit? No way.*

   = 저 사람이 ~~_____~~ 말도 안 돼요.

7. *Telling us not to turn on the air conditioner in this weather is so mean.*

   = ~~_____~~ 너무해요.

8. It is so interesting that it is snowing in August.

= ～～～～～～～～～～～～～～～～～～～～～～ 너무 신기하네요.

9. (I heard and I cannot believe that) you eat this uncooked (raw)!

= 이걸 ～～～～～～～～～～～～～～～～～～～～～～ !

10. This small bag is 1,000,000 won? Isn't it too expensive?

= ～～～～～～～～～～～～～～～～～～～～～～ 너무 비싼 거 아니에요?

11. (I cannot believe that) you are telling me to do 100 push-ups. I cannot do that even if I wanted to.

= ～～～～～～～～～～～～～～～～～～～～～～ ... 하고 싶어도 못 해요.

12. Cassie was an actress? Why didn't I know?

= ～～～～～～～～～～～～～～～～～～～～～～ ! 저는 왜 몰랐죠?

Section II - Reading Comprehension

다음 글을 읽고 문제를 풀어 보세요.

Read the following text message conversation and answer the questions.

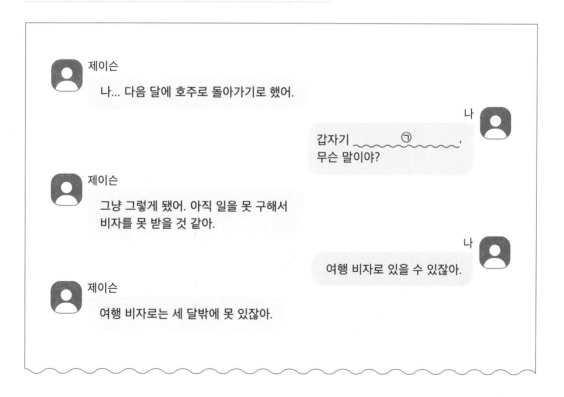

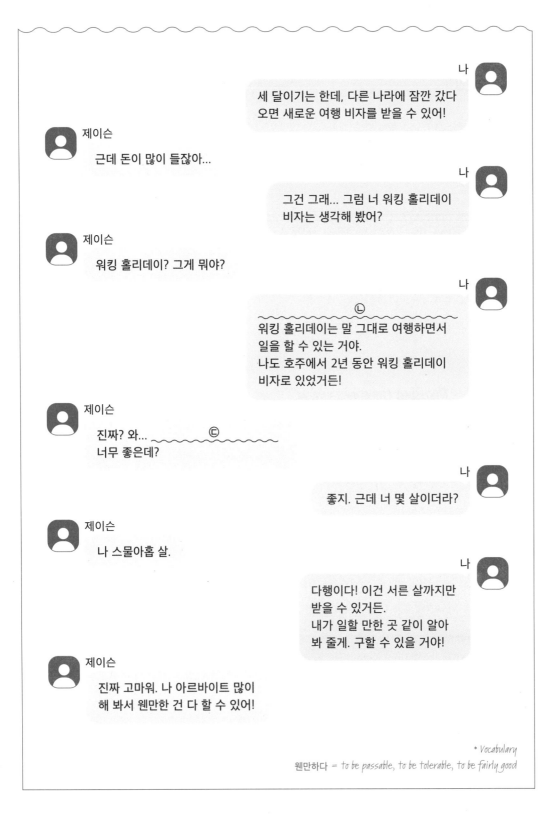

나
세 달이기는 한데, 다른 나라에 잠깐 갔다
오면 새로운 여행 비자를 받을 수 있어!

제이슨
근데 돈이 많이 들잖아...

나
그건 그래... 그럼 너 워킹 홀리데이
비자는 생각해 봤어?

제이슨
워킹 홀리데이? 그게 뭐야?

나
ⓛ
워킹 홀리데이는 말 그대로 여행하면서
일을 할 수 있는 거야.
나도 호주에서 2년 동안 워킹 홀리데이
비자로 있었거든!

제이슨
진짜? 와... ⓒ
너무 좋은데?

나
좋지. 근데 너 몇 살이더라?

제이슨
나 스물아홉 살.

나
다행이다! 이건 서른 살까지만
받을 수 있거든.
내가 일할 만한 곳 같이 알아
봐 줄게. 구할 수 있을 거야!

제이슨
진짜 고마워. 나 아르바이트 많이
해 봐서 웬만한 건 다 할 수 있어!

* Vocabulary
웬만하다 = to be passable, to be tolerable, to be fairly good

13. Choose the <u>inappropriate</u> phrase for the blank ㉠.

    a. 돌아갔다니　　　　　　b. 돌아간다니

    c. 돌아갈 거라니　　　　d. There is no answer.

14. Choose the <u>inappropriate</u> phrase for the blank ㉡.

    a. 그걸 아직도 모르다니!　　b. 그걸 모른다니!

    c. 그걸 몰랐다니!　　　　d. There is no answer.

15. Choose the <u>inappropriate</u> phrase for the blank ㉢.

    a. 그런 비자가 있다니　　b. 여행하면서 일도 한다니

    c. 한국에 계속 살라니　　d. There is no answer.

16. Choose what you can find out from the text message conversation above.

    a. 제이슨은 비자가 없다.

    b. 제이슨은 새로운 비자를 받을 수 있다.

    c. 제이슨은 여행 비자에 대해서 처음 들었다.

    d. 제이슨은 호주에 가는 비행기 표를 이미 예매했다.

Section III - Listening Comprehension

대화를 잘 듣고 문제를 풀어 보세요.

Listen to the dialogue and answer the following questions.

* 개봉 = premiere, release

1. What does the actress imply when she says 천만 명이라니?

    a. 천만 명이 봤다는 말은 거짓말일 것이다.

    b. 천만 명이 봤다는 것을 믿을 수가 없다.

    c. 천만 명이 봤다는 것은 이상하다.

    d. 천만 명밖에 안 봤다니 화가 난다.

2. What is the actress likely doing for her role in the next movie?

    a. 매일 의사를 만난다.　　　b. 사랑하는 사람을 만난다.

    c. 집에서도 의사 옷을 입는다.　　d. 친구들을 무섭게 한다.

3. Choose the correct statement according to the dialogue.

   a. 여자는 배우 생활을 오래 했다.

   b. 여자는 직업을 계속 바꿨다.

   c. 여자는 유승완 감독의 영화에 출연할 예정이다.

   d. 여자의 첫 영화를 천만 명이 봤다.

Section IV - Dictation

대화를 잘 듣고 밑줄 친 부분에 알맞은 말을 쓰세요. 대화는 두 번 들려 드립니다.

Listen carefully and fill in the blanks. The dialogue will be played twice.

도윤: 오늘 수업 휴강이래요.

다혜: 네? 과제 20. _____!

도윤: 아, 걱정하지 말아요. 과제는 온라인으로 제출하래요.

다혜: 뭐라고요? 휴강인데 21. _____ 너무하네요.

도윤: 과제 다 했다면서요?

Section V - Speaking Practice

Section IV의 대화를 한두 문장씩 들려 드리고, 긴 문장은 나누어서 들려 드립니다.
잘 듣고 따라 하세요. 전체 대화문은 Answer Key에서 확인할 수 있습니다.

A native speaker will read the dialogue from Section IV one or two sentences at a time. If a sentence is too long, it may be split into two or three parts. Listen and repeat after each part. You can check out the complete dialogue in the Answer Key at the back of the book.

Vocabulary

구하다	to look for, to get	예매하다	to reserve, to book (tickets)	연기	acting	기대하다	to expect, to look forward to
비자	visa			맡다	to take on		
워킹 홀리데이	working holiday	출연하다	to appear, to make an appearance	역할	role	인터뷰	interview
				완전히	completely	휴강	canceling a class, canceled class
웬만하다	to be passable, to be tolerable, to be fairly good	여러분	everyone	생활	life		
		개봉	premiere, release	똑같이	alike, identically	과제	assignment
표	ticket	감독	director				

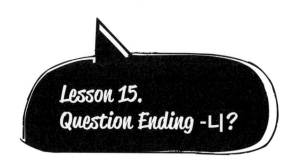

Lesson 15.
Question Ending -니?

Section I - Comprehension

다음 문장에 해당하는 상황을 골라 기호를 쓴 뒤, '-니?'를 사용해서 문장을 다시 쓰세요.

Read the sentence and choose the right situation from the box. Then rewrite the sentence by replacing the ending with -니?.

> ⓐ an adult talking to a child (or someone much younger)
> ⓑ poetic usage (especially song lyrics)
> ⓒ scolding a child or a close friend
> ⓓ talking to oneself

1. 꼬마야, 넌 몇 살이야? (   ) ↦ _____

2. 우리 딸, 밥은 먹었어? (   ) ↦ _____

3. 너 또 거짓말이야? (   ) ↦ _____

4. 나 오늘 왜 이렇게 예뻐? (   ) ↦ _____

5. "여우야, 여우야, 뭐 해?" (   ) ↦ _____

6. 야, 너 왜 자꾸 이랬다 저랬다 해? (   ) ↦ _____

7. 나 뭐라고 하는 거야? (   ) ↦ _____

8. 엄마 어디 계셔? (   ) ↦ _____

9. "나의 반쪽을 채워 줄 너는 어디 있는 거야?" (   ) ↦ _____

Section II - Reading Comprehension

다음 글을 읽고 문제를 풀어 보세요.

Read the following and answer the questions.

똑똑! 잠깐 이걸 좀 봐 주겠니?

넌 아직도 이렇게 노니?

- 노래방 가기
- 게임하기
- 영화 보기
- 카페 가기

우리는 이렇게 논다!

- 별 보기
- 새소리 듣기
- 식물 이름 찾기
- 비 오는 날 비 맞기

어때? 너도 우리랑 놀고 싶지 않니?

- 우린 자연을 사랑하고, 자연을 즐기는 사람들이야! 너도 자연과 함께 놀지 않을래?

- 우리 동아리에 들어오고 싶으면, 010-5XX5-X55X 이 번호로 '이름/전공/자기소개'
  를 써서 8월 31일까지 보내 줘! 기다릴게!

자연 사랑 자연을 사랑하는 동아리

* Vocabulary

똑똑 = knock knock

10. What can you assume about the text above?

    a. 비슷한 나이의 사람들에게 쓴 글이다.   b. 친한 친구에게 쓴 글이다.

    c. 아이에게 쓴 글이다.   d. 자신에게 쓴 글이다.

11. What is this written for?

    a. 같이 별을 보러 가기 위해   b. 자연 사랑을 알려 주기 위해

    c. 동아리 회원을 모으기 위해   d. 자연을 보호하*라고 말하기 위해

    * 보호하다 = to protect

Section III - Listening Comprehension

대화를 잘 듣고 문제를 풀어 보세요.

Listen to the dialogue and answer the following questions.

* 놓아두다 = to leave

12. What kind of relationship do they likely have? More than one answer may be possible.

    a. 가까운 친구 사이   *b.* 오늘 같이 발표하는 사이

    c. 수업을 같이 듣는 사이   *d.* 같은 회사를 다니는 사이

13. Choose the correct statement according to the dialogue.

    a. 두 사람은 지금 집에 있다.   *b.* 방금 수업이 끝났다.

    c. 같이 발표를 할 예정이다.   *d.* 방금 퇴근을 했다.

Section IV - Dictation

대화를 잘 듣고 밑줄 친 부분에 알맞은 말을 쓰세요. 대화는 두 번 들려 드립니다.

Listen carefully and fill in the blanks. The dialogue will be played twice.

소희: 너 14. _____? 방이 이게 뭐야.

두루: 왜? 이 정도면 15. _____?

소희: 16. _____? 먼지가 이렇게 많이 쌓여 있는데.

두루: 아이참, 너 가면 청소할 거야.

Section V - Speaking Practice

Section IV의 대화를 한두 문장씩 들려 드리고, 긴 문장은 나누어서 들려 드립니다.
잘 듣고 따라 하세요. 전체 대화문은 Answer Key에서 확인할 수 있습니다.

A native speaker will read the dialogue from Section IV one or two sentences at a time. If a sentence is too long, it may be split into two or three parts. Listen and repeat after each part. You can check out the complete dialogue in the Answer Key at the back of the book.

Vocabulary

딸	daughter	자연	nature	보호하다	to protect	아이참	interjection used when one is not happy about something or nervous or shy
똑똑	knock knock	즐기다	to enjoy	정신	mind, soul		
별	star	-와/과 함께	together with	놓아두다	to leave		
새소리	the song of a bird	동아리	(school) club	먼지	dust		
식물	plants	전공	major				

Lesson 16.
Various Usages of the Ending -게

Section I - Complete the Sentences

상자에서 알맞은 단어를 고르고, '-게', '-지 않게', '-(으)ㄹ 수 있게' 중에서 어울리는 연결 어미를 사용해서 밑줄 친 부분에 쓰세요. 모든 단어는 한 번씩만 사용됩니다.

Fill in the blanks by choosing the most appropriate word from the box and conjugating it one of the connective endings, -게, -지 않게, and -(으)ㄹ 수 있게. Each word is used only once.

실수하다	넘어지다	나다	부드럽다	이상하다
일어나다	지키다	만지다	크다	

1. 한국어로 말할 때 한 단어, 한 단어, 끊어서 말하지 말고 조금 더 ‿‿‿‿‿‿‿‿‿‿ 이어서 말하면 더 자연스러울 거예요.

2. 이거 좀 위험해 보이는데, 애들이 못 ‿‿‿‿‿‿‿‿‿‿ 높은 데에 두세요.

3. 선생님, 글씨가 잘 안 보이는데 조금만 ‿‿‿‿‿‿‿‿‿‿ 써 주세요.

4. 방에 냄새 ‿‿‿‿‿‿‿‿‿‿ 요리할 때 창문 좀 열라고 했잖아.

5. 아침 일찍 잘 못 일어난다고 하지 않았어? 내일은 일찍 ‿‿‿‿‿‿‿‿‿‿ 얼른 자.

6. 어제는 컴퓨터가 잘 됐는데, 오늘은 ‿‿‿‿‿‿‿‿‿‿ 잘 안되네요.

7. 눈이 와서 길이 많이 미끄러우니까* ‿‿‿‿‿‿‿‿‿‿ 천천히 가세요.

   * 미끄럽다 = *to be slippery*

8. 우리 무대에서 ‿‿‿‿‿‿‿‿‿‿ 열심히 연습하자.

9. 마감 기한이 얼마 남지 않았네요. 기한을 ‿‿‿‿‿‿‿‿‿‿ 미리 준비해 주세요.

Talk To Me In Korean Workbook

다음 글을 읽고 문제를 풀어 보세요.

Read the following and answer the questions.

요즘 20대, "내가 하고 싶은 것이 가장 중요해"

"요즘 20대는 뭔가 달라요." 40, 50대가 하는 말이다. 요즘 세대는 이전 세대들과는 확실히 다른 생각을 가지고 있어서, 자신이 원하는 것을 잘 알고 그것에 따라 소비하는 것이 특징이다. 다음은 20대 1,000명을 대상으로, 어떻게 살고 싶은지, 어떻게 소비하는지에 대해 조사한 결과이다.

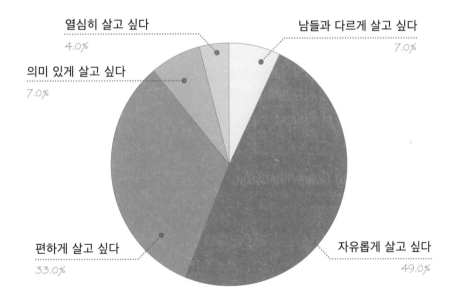

"어떻게 살고 싶습니까?"

열심히 살고 싶다
4.0%

남들과 다르게 살고 싶다
7.0%

의미 있게 살고 싶다
7.0%

편하게 살고 싶다
33.0%

자유롭게 살고 싶다
49.0%

10. Choose the most appropriate phrase for the blank ㉠.

   a. 확실하게   b. 중요하게

   c. 정확하게   d. 좋아하게

11. Which one is the wrong interpretation of the result of the survey?

   a. 20대는 열심히 사는 것보다 편하게 사는 것을 좋아한다.

   b. 20대는 누가 하라는 대로 살고 싶어 하지 않는다.

   c. 20대는 물건을 살 때 가격을 가장 많이 생각한다.

   d. 20대는 예쁜 물건일수록 더 좋아한다.

Section III - Listening Comprehension

A의 말을 듣고, B의 대답으로 어울리지 <u>않는</u> 것을 고르세요.

Listen to what "A" says and choose the <u>least</u> appropriate response that "B" could say.

12.

   a. 잊어버렸어요?   b. 마트 언제 갈 건데요?

   c. 제가 다 기억하고 있어요.   d. 네, 알겠어요.

13.

    a. 네.   *b.* 오늘 누구 생일이에요?

    c. 점심 먹으면서 파티 해요?   *d.* 회의실이 어디예요?

14.

    a. 잘 안 보일 것 같아요.   *b.* 좋아요.

    c. 뭘로 붙일까요?   *d.* 포스터 제가 가지고 있어요.

Section IV - Dictation

대화를 잘 듣고 밑줄 친 부분을 채우세요. 대화는 두 번 들려 드립니다.

Listen carefully and fill in the blanks. The dialogue will be played twice.

경은: 두루 씨, 내일 캠핑 간다고 했죠? 이 모기약 가져가세요, 15. _____

두루: 고마워요. 근데 여름이니까 반바지만 16. _____?

경은: 여름이어도 밤 되면 추울 거예요. 17. _____ 긴 옷도 가져가세요.

두루: 아, 그럴 수도 있겠네요. 고마워요.

Section V - Speaking Practice

Section IV의 대화를 한두 문장씩 들려 드리고, 긴 문장은 나누어서 들려 드립니다.
잘 듣고 따라 하세요. 완전한 대화문은 Answer Key에서 확인할 수 있습니다.

A native speaker will read the dialogue from Section IV one or two sentences at a time. If a sentence is too long, it may be split into two or three parts. Listen and repeat after each part. You can check out the complete dialogue in the Answer Key at the back of the book.

Vocabulary

자연스럽다	to be natural	-과/와	with	남(들)	others, other people	모기약	mosquito repellent
얼른	quickly, promptly	특징	characteristic, feature	자유롭다	to be free	모기	mosquito
미끄럽다	to be slippery	대상	target, subject	실용적	practical	물리다	to be bitten
20대	people in their 20s	조사하다	to survey, to investigate	환경	environment	반바지	shorts
이전	before that			캠핑	camping		

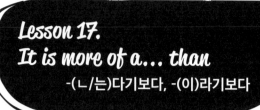

Lesson 17.
It is more of a... than
-(ㄴ/는)다기보다, -(이)라기보다

Section I - Complete the Dialogue

'-(ㄴ/는)다기보다'를 사용해서 대화를 완성하세요.

Complete the dialogues by using -(ㄴ/는)다기보다.

1. 학생: 선생님, 이 수업 꼭 들어야 된다는 말씀이세요?

   선생님: ~~~~~~~~~~~~~~~~~~~~~~~~~~~~~, 들으면 좋다는 거죠.

2. 경화: 윤아 씨는 왜 디자이너가 됐어요?

   윤아: 어떤 이유가 ~~~~~~~~~~~~~~~~~~~~~~~~~~, 자연스럽게 그렇게 됐어요.

3. 소희: 예림 씨, 미국에서 20년 동안 살았다면서요? 미국이 많이 그리우시겠어요.

   예림: ~~~~~~~~~~~~~~~~~~~~~~~~~~~~~, 같이 놀던 친구들이 보고 싶어요.

4. 승완: 예지 씨는 고기를 못 드신다면서요?

   예지: ~~~~~~~~~~~~~~~~~~~~~~~~~~~~~ 안 먹는 거예요. 맛이 없어요.

5. 경은: 저 요즘 달리기* 연습 열심히 하고 있어요.

   현우: 여기서 저 카페까지 뛰어가면 몇 초 걸릴 것 같아요?

   경은: 글쎄요. 1분 정도 걸리지 않을까요?

   현우: 네? 그건 ~~~~~~~~~~~~~~~~~~~~~~~~ 빨리 걷는 거 아니에요?

   * 달리기 = running

6. 지나: 소희 씨, 아까 백화점 간다고 하지 않았어요?

   소희: 네, 벌써 갔다 왔어요.

   지나: 그런데 왜 아무것도 안 샀어요?

   소희: 저는 백화점에 갈 때, 물건을 ~~~~~~~~~~~~~~~~~~~~ 구경하러 가요.

7. 경은: 경화 씨, 이 일 이번 주 금요일까지 해 줄 수 있어요?

   경화: 이번 주 금요일까지는 어려울 것 같은데, 다음 주 화요일까지 해도 될까요?

Talk To Me In Korean Workbook

경은: 네. 그럼 화요일까지 해 주세요. 이 일이 많이 어려운 일인가요?

경화: ⁓⁓⁓⁓⁓⁓⁓⁓⁓⁓⁓⁓⁓⁓⁓⁓ 시간이 오래 걸리는 일이에요.

8. 도윤: 소연 씨! 제가 만든 김치찌개 좀 드셔 보세요.

소연: 와! 저 김치찌개 좋아해요! 한 그릇만 주세요.

도윤: 소연 씨, 표정이 왜 그래요? 맛이 없어요?

소연: 음… ⁓⁓⁓⁓⁓⁓⁓⁓⁓⁓⁓⁓⁓⁓⁓⁓⁓⁓⁓⁓ 맛이 정말 특이하네요*.

* 특이하다 = to be unique

Section II - Reading Comprehension

다음 글을 읽고 문제를 풀어 보세요.

Read the following and answer the questions.

따뜻한 겨울 보내세요!

TTMIK 전기난로

Talk To Me In Korean Workbook   Talk To Me In Korean Workbook

e-난로

✓ TTMIK 전기난로는 작고 편리합니다!

TTMIK 전기난로는 책 두 권 정도의 크기로 만들어져서 좁은 곳에서도 사용하실 수 있습니다.

☑ *TTMIK* **전기난로는 따뜻합니다!**

TTMIK 전기난로는 크기는 작지만, 넓은 방도 따뜻하게 만들어 줍니다!

☑ *TTMIK* **전기난로는 조용합니다!**

TTMIK 전기난로는 시끄러운 소리가 나지 않기 때문에, 도서관, 사무실 등 조용한 곳에서도 사용하실 수 있습니다.

⚠ **주의하세요!**

• 어린이가 만지지 않도록 지켜봐 주세요!

• 너무 가까이 두고 사용하면 불이 날 수 있으니 조심하세요!

9. *Choose the correct statement based on the text.*

a. 이 제품은 좁은 곳에서 사용하기가 어렵다.

b. 이 제품은 작다기보다는 얇은 편이다.

c. 이 제품은 시끄러운 곳보다는 조용한 곳에서 사용하는 것이 좋다.

d. 이 제품은 어린이가 사용하기에는 위험하다.

[10~11] Read the following reviews and answer the questions.

소희: 전에 쓰던 제품㉠보다는 이 제품이 더 나아요. 다음에도 이 제품 살 거예요.

지나: 글쎄요. 방 전체가 따뜻해진다기㉡보다는 전기난로 앞에만 따뜻해지는 느낌이네요.

경화: 싸고 튼튼해서 좋네요. 비싼 제품만 ㉢보다가 이렇게 싼 제품이 있어서 놀랐어요.

다혜: 정말 시끄러운 소리가 나는 전기난로를 썼던 적이 있는데, 이 제품은 그 제품㉣보다 훨씬 조용하네요.

10. Select the use of **보다** that has a different meaning from the others.

    a. ㉠   b. ㉡   c. ㉢   d. ㉣

11. Which person was <u>not</u> satisfied with the product?

    a. 소희   b. 지나   c. 경화   d. 다혜

Section III - Listening Comprehension

인터뷰를 잘 듣고 문제를 풀어 보세요.

Listen to the interview and answer the following questions.

[12~15] Decide if the statement is true or false. Write "T" if the statement is true and "F" if it is false based on the article.

12. 남자는 배우다. _____

13. 남자는 며칠 전에 영화를 다 찍었다. _____

14. 남자는 부끄러울 때마다 코를 만진다. _____

15. 남자는 자신이 차가운 편이라고 생각한다. _____

Section IV - Dictation

대화를 잘 듣고 밑줄 친 부분을 채우세요. 대화는 두 번 들려 드립니다.

Listen carefully and fill in the blanks. The dialogue will be played twice.

경은: 주연아, 나 너무 많이 먹지 않니?

주연: 언니는 16. _____ 먹는 걸 즐기는 거죠.

경은: 그런가? 아, 나 운동도 좀 해야 되는데...

주연: 언니 날씬한데요?

경은: 17. _____ 건강을 위해서 운동을 해야 될 것 같아.

Section V - Speaking Practice

Section IV의 대화를 한두 문장씩 들려 드리고, 긴 문장은 나누어서 들려 드립니다. 잘 듣고 따라 하세요. 완전한 대화문은 Answer Key에서 확인할 수 있습니다.

A native speaker will read the dialogue from Section IV one or two sentences at a time. If a sentence is too long, it may be split into two or three parts. Listen and repeat after each part. You can check out the complete dialogue in the Answer Key at the back of the book.

Vocabulary

디자이너	designer	표정	facial expression	코	nose	표현하다	to express
자연스럽다	to be natural	특이하다	to be unique	점점	gradually	기대하다	to expect, to look forward to
그립다	to miss	전기난로	electric heater	실제	reality, truth	즐기다	to enjoy
달리기	running	크기	size	오해하다	to misunderstand	낙씨하다	to be slender
글쎄요	well, let me see	불	fire	연기하다	to play, to act		
구경하다	to watch, to see	여러분	everyone				

Lesson 18.
Let alone
-은/는커녕

Section I - Comprehension

[1~4] 밑줄 친 부분에 들어갈 말로 적절하지 <u>않은</u> 것을 고르세요.

Choose the phrase that <u>cannot</u> fit in the blank.

1. 학생들이 _____ 수업에도 늦었어요.

   a. 숙제를 해 오기는커녕

   b. 수업에 오기는커녕

   c. 공부를 열심히 하기는커녕

2. 물을 많이 마시면 좋다고 들어서 많이 마셨는데, _____ 화장실에만 자주 가서 힘들었어요.

   a. 피부가 나빠지기는커녕

   b. 피부가 좋아지기는커녕

   c. 피부가 괜찮아지기는커녕

3. 저희 아이는 _____ 아직 집 앞 놀이터에도 안 가 봤어요.

   a. 백화점은 고사하고

   b. 마트는 고사하고

   c. 어른은 고사하고

4. 저희 언니는 요리는 고사하고 _____

   a. 설거지도 못해요

   b. 설거지도 잘해요

   c. 설거지도 안 해요

5. TTMIK 책은 ～～～～～～～～～～～～～～～ 미국에서도 인기가 많아요.

    a. 한국은 말할 것도 없고

    b. 한국은 고사하고

    c. 한국은커녕

6. 채소를 먹기는커녕 물도 ～～～～～～～～～～～～～.

    a. 충분히 마셔요

    b. 충분히 안 마셔요

    c. 자주 마셔요

7. 제 여동생은 ～～～～～～～～～～～～～ 거의 집에 있지도 않아요.

    a. 주말에 밖에 나가기는커녕

    b. 주말에 집안일을 돕기는커녕

    c. 주말에 친구를 만나기는커녕

8. 그 사람은 ～～～～～～～～～～～ 바이올린 연주도 잘해요.

    a. 노래를 부르기는커녕

    b. 노래는 고사하고

    c. 노래는 말할 것도 없고

Section II - Reading Comprehension

다음 글을 읽고 문제를 풀어 보세요.

Read the following and answer the questions.

드디어 다음 주에 제주도에 간다. 제주도는 한국 남쪽에 있는 섬이다. 제주도는커녕 한국에도

가 본 적이 없어서 이번 여행이 정말 기대된다.

사실 나는 여행을 좋아하지 않는다. 그래서 내가 제주도에 간다고 했을 때 다들 놀라서 이렇게

말했다.

"제주도에 간다고? 무슨 일 있어? 너 원래 여행은커녕 집 밖에도 잘 안 나가잖아."

(ⓐ) 그런데 너무 집에만 있으니까 조금 답답해졌다. 친구들도 좀 더 자주 만나고, 여행도 다니고 싶어졌다. (ⓑ) 이 이야기를 들은 친구가 자신이 살고 있는 제주도에 나를 초대한 것이다.

제주도 여행을 위해 회사에 휴가를 신청할 때 조금 걱정이 되긴 했다. 요즘 회사에 일이 많아서 다들 바쁘기 때문이다. 휴가를 낸다고 하면 싫어할 것 같았다. 그런데 사람들이 <u>　　⑦　　</u> 내가 여행을 간다고 하니까 모두 <u>　　ⓒ　　</u>. (ⓒ)

"다혜 씨가 여행을 간다고요? 잘 생각했어요. 맛있는 것도 많이 먹고, 즐겁게 놀다가 와요!"

정말 고마웠다. (ⓓ) 제주도에서 회사 사람들한테 줄 선물을 꼭 사 와야겠다.

* Vocabulary
신청하다 = to apply

---

9. Choose the most appropriate place for the sentence below.

사람들 말처럼 나는 원래 퇴근 후나 주말에 약속도 잘 잡지 않는다.

a. ⓐ　　　　　　b. ⓑ　　　　　　c. ⓒ　　　　　　d. ⓓ

---

10. Choose the words that best fit in the blanks.

a. ⑦ 좋아하기는커녕　　ⓒ 기뻐했다

b. ⑦ 좋아하기는커녕　　ⓒ 슬퍼했다

c. ⑦ 싫어하기는커녕　　ⓒ 기뻐했다

d. ⑦ 싫어하기는커녕　　ⓒ 슬퍼했다

---

11. Choose the correct statement based on the text.

a. 다혜는 제주도에 가 본 적이 있다.

b. 다혜는 회사 사람들과 함께 제주도에 갈 것이다.

c. 다혜는 여행 때문에 휴가를 냈다.

d. 다혜는 집 밖에 나가 본 적이 없다.

Section III - Listening Comprehension

대화를 잘 듣고 문제를 풀어 보세요.

Listen to the dialogue and answer the following questions.

* 영상 = video

12. Choose what Soyeon and Joonbae are most likely to do immediately after the conversation is finished.

    a. TTMIK 노래를 듣는다.   *b.* TTMIK을 보러 한국에 간다.

    c. TTMIK 무대 영상을 본다.   *d.* TTMIK 콘서트에 간다.

13. Choose the correct statement according to the dialogue.

    a. 소연은 원래 음악을 좋아했다.

    b. 소연은 원래 K-pop에 관심이 많았다.

    c. TTMIK은 노래를 잘 부르기는커녕 춤도 잘 못 춘다.

    d. TTMIK은 한국은 물론이고 외국에서도 인기가 많다.

Section IV - Dictation

대화를 잘 듣고 밑줄 친 부분을 채우세요. 대화는 두 번 들려 드립니다.

Listen carefully and fill in the blanks. The dialogue will be played twice.

현우: 보람 씨, 시험 잘 봤어요?

보람: 14. _____ 다 풀지도 못했어요.

현우: 그렇게 어려웠어요?

보람: 네. 15. _____ 합격도 어려울 것 같아요.

Section V - Speaking Practice

Section IV의 대화를 한두 문장씩 들려 드리고, 긴 문장은 나누어서 들려 드립니다.
잘 듣고 따라 하세요. 완전한 대화문은 Answer Key에서 확인할 수 있습니다.

A native speaker will read the dialogue from Section IV one or two sentences at a time. If a sentence is too long, it may be split into two or three parts. Listen and repeat after each part. You can check out the complete dialogue in the Answer Key at the back of the book.

Vocabulary

피부	skin	섬	island	신청하다	to apply	빠지다	to fall into
어른	adult	기대되다	to be excited about, can't wait, to look forward to	영상	video	주변	surroundings
남쪽	southern part			케이팝	K-pop		

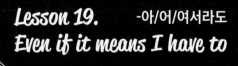

Lesson 19. -아/어/여서라도
Even if it means I have to

Section I - Complete the Dialogue

상자에서 적절한 표현을 고르고 '-아/어/여서라도'를 사용해서 대화를 완성해 보세요.

Complete the dialogues by conjugating the appropriate phrase from the box with -아/어/여서라도.

- 돈을 빌리다
- 약속을 취소하다
- 아르바이트를 하다
- 지구 전체를 다 뒤지다
- 밤을 새우다

---

1. A: 동근 씨, 지금 웹사이트에 문제가 생긴 것 같아요.

   B: 네? 무슨 일이지? 잠시만요.

   A: 언제쯤 해결될까요?

   B: 잘 모르겠어요. 그런데 보통 주말에 사람들이 웹사이트에 많이 들어오니까,

   오늘 ~~~~~~~~~~~~~~~~~~~ 고쳐야 할 것 같아요.

2. A: 윤아 씨, 점심 먹으러 안 가요?

   B: 아... 사실 오늘 지갑을 안 가져와서 돈이 없어요.

   A: 네? 그러면 ~~~~~~~~~~~~~~~~~~~ 사 먹어야죠. 제가 빌려줄게요.

   B: 정말요? 고마워요. 제가 내일 돈 드릴게요.

3. A: 예지야, 네가 좋아하는 가수 다음 달에 콘서트 한다면서? 갈 거야?

   B: 당연하지. 꼭 갈 거야.

   A: 그런데 너 요즘 쇼핑 많이 해서 돈 없다고 하지 않았어? 어떻게 가려고?

   B: ~~~~~~~~~~~~~~~~~~~ 가야지.

4. A: 소희야, 이번 주 토요일에 가족 모임 있는 거 알지?

   B: 네, 근데 저 그날 친구랑 약속 있어요.

   A: 뭐? 일요일이 할머니 생신인데, ~~~~~~~~~~~~~~~~~~~ 와야지.

   B: 그날 가족 모임에는 빠지고, 일요일에 저 혼자 할머니 뵈러 가면 안 돼요?

5. A: 엄마, 제 빨간색 컵 보셨어요? 그거 잃어버리면 안 되는데...

   B: 아니. 못 봤는데. 잘 찾아 봐.

   A: 그거 친구가 직접 만들어 준 거라서 진짜 소중한* 거예요. _____

      찾아야 돼요.

   B: 그래? 엄마랑 같이 찾아 보자.

* 소중하다 = to be precious, to be valuable

Section II - Reading Comprehension

다음 기사를 잘 읽고 문제를 풀어 보세요.

Read the following article and answer the questions.

TTMIK Times

서울 시내 아파트 가격 너무 많이 올라... 청년들 "빚을 내서라도 집 사야 하나?"

서울 시내의 아파트 가격이 계속 오르고 있다. 아파트 가격이 갑자기 많이 오르면서 청년들이나 신혼부부들은 집을 사기가 특히 더 어려워졌다. TTMIK News가 조사한 결과, 서울에 살고 싶어 하는 30대 청년의 67%가 빚을 내는 한이 있더라도 서울에 집을 살 것이라고 대답했다. 서울에 사는 30대 김OO 씨는 "어떻게 해서라도 집을 꼭 사고 싶다"라고 말하면서 "그렇지만 집이 너무 비싸서 고민"이라고 말했다. 경기도에 사는 20대 박XX 씨는 "서울 아파트 가격이 너무 비싸서 서울에서 가까운 경기도에 집을 샀다"라고 말하면서 "그런데 회사에서 집이 너무 멀어져서 내년에는 무리해서라도 서울로 이사할 예정이다", "집이 너무 비싸서 울고 싶다"라고 말했다.

* Vocabulary
30대 = people in their 30s
20대 = people in their 20s
무리하다 = to work too hard, to go overboard

6. Choose what you *cannot* find out from the article.

   a. 서울의 아파트 가격이 갑자기 많이 올랐다.

   b. 아파트 가격이 올라서 청년들은 집을 사기가 어렵다.

   c. 경기도는 서울보다 아파트 가격이 비싸다.

   d. 많은 30대 청년들이 서울에 집을 사기 위해 대출을 생각하고 있다.

[7~10] Decide if the statement is true or false. Write "T" if the statement is true and "F" if it is false based on the article.

7. 30대 김OO 씨는 무슨 수를 써서라도 집을 꼭 사고 싶어 한다.

8. 30대 김OO 씨는 서울의 아파트 가격이 비싸지 않다고 생각한다.

9. 20대 박XX 씨는 현재 경기도에 살고 있다.

10. 20대 박XX 씨는 아파트를 싸게 사기 위해서 내년에 서울로 이사할 것이다.

Section III - Listening Comprehension

대화를 잘 듣고 문제를 풀어 보세요.

Listen to the dialogue and answer the following questions.

* 운영하다 = *to run (a business)*

11. Who did the man *not* interview?

   a. 빵집 손님   b. 빵집 사장님

   c. 김지나   d. 40년 동안 빵집을 운영하신 분

12. Choose the correct statement according to the conversation.

   a. 여자는 사람들이 출근하는 시간에 빵을 팔기 위해서 매일 새벽 4시에 일어난다.

   b. 여자는 좋은 빵을 만들기 위해서 잠을 자지 않고 일한 적이 있다.

   c. 여자는 맛있는 빵을 먹기 위해서 주말에 하루 종일 기다린 적이 있다.

   d. 요즘에 여자는 빵을 만들기 위해서 새벽 3시까지 일을 한다.

Section IV - Dictation

대화를 잘 듣고 밑줄 친 부분을 채우세요. 대화는 두 번 들려 드립니다.

Listen carefully and fill in the blanks. The dialogue will be played twice.

승완: 벌써 네 시네. 희주야, 일이 아직도 이렇게 많이 남았는데 이따가 콘서트 갈 수 있을까?

희주: 갈 수 있어! 13. _____ 퇴근 시간 전에 다 끝내자!

승완: 하... 아무리 생각해도 여섯 시까지는 못 끝낼 것 같아. 그냥 콘서트 포기하자.

희주: 안 돼. 난 포기할 수 없어. 14. _____!

Section V - Speaking Practice

Section IV의 대화를 한두 문장씩 들려 드리고, 긴 문장은 나누어서 들려 드립니다.
잘 듣고 따라 하세요. 완전한 대화문은 Answer Key에서 확인할 수 있습니다.

A native speaker will read the dialogue from Section IV one or two sentences at a time. If a sentence is too long, it may be split into two or three parts. Listen and repeat after each part. You can check out the complete dialogue in the Answer Key at the back of the book.

Vocabulary

할머니	grandmother	오르다	to rise, to go up	경기도	Gyeonggi province	운영하다	to run (a business)
생신	(honorific) birthday	청년	young people	20대	people in their 20s	새벽	dawn
소중하다	to be precious, to be valuable	신혼부부	newlyweds	내년	next year	종일	all day
		특히	especially, particularly	무리하다	to work too hard, to go overboard	자리	location, place
시내	downtown, in the city	조사하다	to investigate	빵집	bakery	출근길	way to work
아파트	apartment	30대	people in their 30s				

Lesson 20.
Sentence Building Drill 19

Section I - Complete the Dialogue

밑줄 친 부분에 들어갈 말로 가장 적절한 것을 고르세요.

Choose the most appropriate expression(s) for the blank(s).

1. A: 두루 씨, 제가 말한 앱 써 봤어요?

   B: 네. 그런데 ＿＿＿＿＿＿＿＿＿＿＿ 사진 편집 앱인 것 같던데요.

   A: 어? 아니에요. 저 그 앱으로 영상 만들었어요.

   B: 그래요? 어떻게 하는 건지 알려 주세요.

   a. 영상 편집 앱이라기보다는   b. 앱은커녕

   c. 시간이 없을 텐데   d. 시간이 없는 바람에

2. A: 어떡하죠? 저 책을 집에 두고 온 것 같아요.

   B: 무슨 책이요?

   A: 도서관에서 빌린 책이요. 저 집에 좀 다녀와야겠어요.

   B: ＿＿＿＿＿＿＿＿＿＿＿ 늦지 않게 돌아올 수 있어요?

   A: 네. 자전거 타고 갔다 오면 될 것 같아요. 오늘 꼭 반납해야 되거든요.

   a. 집에 간다기보다는   b. 집에 가는 바람에

   c. 곧 수업 시작할 텐데   d. 수업은커녕

3. A: 현우 어머님, 안녕하세요. 혹시 현우, 피아노 학원 다녀요?

   B: 피아노 학원이요? 현우는 ＿＿＿＿＿＿＿＿＿＿＿ 학교도 가기 싫어해요.

   A: 그래요? 우리 승완이가 현우랑 같이 피아노 학원 다니고 싶대요.

   B: 그래요? 우리 현우는 ＿＿＿＿＿＿＿＿＿＿＿ ... 제가 이야기해 보긴 할게요.

   a. 학원은커녕 / 싫어하는 바람에   b. 학원은커녕 / 싫어할 텐데

   c. 학원이라기보다는 / 싫어하는 바람에   d. 학원이라기보다는 / 싫어할 텐데

4. A: 준배 씨, 발표 준비 잘 했어요?

    B: 노트북을 〜〜〜〜〜〜〜〜〜〜〜 준비한 자료가 다 사라졌어요.

    A: 자료 다시 준비하려면 〜〜〜〜〜〜〜〜〜〜〜 제가 도와줄까요?

    B: 그럼 너무 감사하죠.

    a. 발표 준비는커녕 / 오래 걸릴 텐데

    b. 발표 준비는커녕 / 오래 걸린다기보다는

    c. 실수로 초기화하는 바람에 / 오래 걸릴 텐데

    d. 실수로 초기화하는 바람에 / 오래 걸린다기보다는

5. A: 지나 씨, 지나 씨는 여름에 휴가 안 가요?

    B: 저요? 저는 〜〜〜〜〜〜〜〜〜〜〜 제발 주말에라도 쉴 수 있었으면 좋겠어요.

    A: 지나 씨, 요즘에 일이 정말 많군요.

    B: 사실 〜〜〜〜〜〜〜〜〜〜〜 일이 잘 안 풀려서요. 주말에도 일 생각을 안 할 수가 없어요.

    a. 휴가는커녕 / 일이 많지 않게   *b.* 휴가는커녕 / 일이 많다기보다는

    c. 아닐 텐데 / 일이 많지 않게   *d.* 아닐 텐데 / 일이 많다기보다는

Section II - Reading Comprehension

예지가 블로그에 쓴 일기를 읽고 문제를 풀어 보세요.

Read Yeji's diary entry written on her blog and answer the questions.

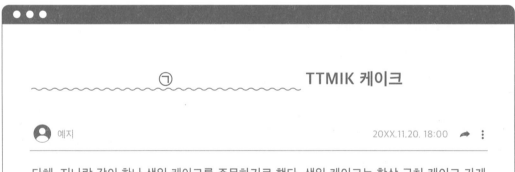

ⓒ   TTMIK 케이크

예지   20XX.11.20. 18:00

다혜, 지나랑 같이 한나 생일 케이크를 주문하기로 했다. 생일 케이크는 항상 근처 케이크 가게에서 샀었는데, 이번에는 특별한 케이크를 주문해 보고 싶었다. 그래서 원하는 대로 케이크를 만들어 주는 곳을 찾아서 케이크를 주문했다. 생각보다 그런 가게를 찾는 것도 힘들었고, 주문하는 것도 복잡했지만 기뻐할 한나를 생각하면 너무 기대가 됐다. 그런데 그 가게에서 한나 생일 하루 전날 연락이 왔다. 주인분이 아프셔서 케이크를 못 만들게 되었다는 것이다. 계속 죄

송하다고 하셨지만, 하루 전날 알려 주시는 바람에 우리는 특별한 케이크는커녕 보통 케이크도 준비하지 못할까 봐 걱정이 되었다.

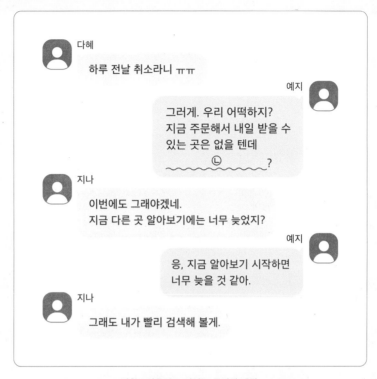

다혜
하루 전날 취소라니 ㅠㅠ

예지
그러게. 우리 어떡하지?
지금 주문해서 내일 받을 수
있는 곳은 없을 텐데
ⓛ _____?

지나
이번에도 그래야겠네.
지금 다른 곳 알아보기에는 너무 늦었지?

예지
응, 지금 알아보기 시작하면
너무 늦을 것 같아.

지나
그래도 내가 빨리 검색해 볼게.

당황스러움이 느껴지는 우리의 대화.

주문 제작 케이크는 포기하고, 근처 가게에서 일반 케이크를 살 수밖에 없겠다고 생각하고 있었는데, 지나가 주문 후 하루 만에 케이크를 받을 수 있는 곳을 찾아냈다. 급하게 찾은 곳이어서 별로 기대는 안 했는데, 다음 날 받은 케이크는 그때까지 봤던 케이크 중에서 가장 예뻤다. 한나가 보자마자 예술 작품인 것 같다면서 너무 좋아했다.

그리고 예쁘기만 한 게 아니라 맛도 너무 좋았다! 한나는 예뻐서 못 먹겠다고 말하면서도, 맛있게 잘 먹었다. 케이크 가격이 조금 비싸기는 했는데, 워낙 예쁘고 맛있어서 다음에도 여기서 주문할 것 같다.

Vocabulary

제작 = production, making　　작품 = work (of art)　　워낙 = so, very

6. Choose the phrase that best fits in the blank ㉠.

　　a. 예술 작품이라기보다는 케이크 같았던

　　b. 케이크라기보다는 예술 작품 같았던

　　c. 케이크일 텐데 예술 작품인 바람에

　　d. 예술 작품일 텐데 케이크인 바람에

7. Choose the phrase that best fits in the blank ㉡.

　　a. 그냥 사지 말까　　　　　　　b. 그냥 먹지 말까

　　c. 그냥 근처에서 살까　　　　　d. 그냥 내가 만들까

8. Choose the correct statement based on Yeji's diary entry.

　　a. 예지는 예술 작품을 주문했는데 케이크가 왔다.

　　b. 예지는 평소에 케이크를 사던 곳에서 한나 생일 케이크를 샀다.

　　c. 한나 생일 케이크는 예쁘기는 했는데, 맛은 없었다.

　　d. 예지와 친구들은 한나 생일 하루 전날 케이크를 주문했다.

Section III - Listening Comprehension

대화를 잘 듣고 문제를 풀어 보세요.

Listen to the dialogue and answer the following questions.

9. Choose the reason why 준배 is buying a present now.

　　a. 어제 회사에 선물을 놓고 와서　　　b. 어제 회사에 지갑을 놓고 와서

　　c. 어제는 가게가 문을 안 열어서　　　d. 케이크는 오늘 사는 것이 좋아서

10. Choose the correct statement(s) according to the dialogue.

   a. 준배는 지나의 생일 파티에 가는 중이다.

   b. 준배와 지나는 같이 생일 파티에 갈 것이다.

   c. 한나는 케이크를 별로 안 좋아한다.

   d. 지나는 아직 생일 선물을 사지 못했다.

   e. 준배는 아직 생일 선물을 사지 못했다.

Section IV - Dictation

대화를 잘 듣고 밑줄 친 부분을 채우세요. 대화는 두 번 들려 드립니다.

Listen carefully and fill in the blanks. The dialogue will be played twice.

현우: 경화 씨, 아침 먹었어요?

경화: 아니요. 늦잠 자는 바람에 아침을 ¹¹._____ 화장도 못 하고 나왔어요.

현우: 경화 씨가 늦잠을 잤어요?

경화: 네. 알람 맞추는 걸 ¹²._____.

현우: 내일은 아침 일찍 회의 있는 거 알죠? 늦잠 ¹³._____ 오늘 밤에 알람 꼭 맞추고 자요.

Section V - Speaking Practice

Section IV의 대화를 한두 문장씩 들려 드리고, 긴 문장은 나누어서 들려 드립니다. 잘 듣고 따라 하세요. 완전한 대화문은 Answer Key에서 확인할 수 있습니다.

A native speaker will read the dialogue from Section IV one or two sentences at a time. If a sentence is too long, it may be split into two or three parts. Listen and repeat after each part. You can check out the complete dialogue in the Answer Key at the back of the book.

Vocabulary

사라지다	to disappear	취소	cancellation	제작	production, making	작품	work (of art)
그런	such	그러게	right, I know	일반	general, common, regular	워낙	so, very
기대가 되다	to be excited about, can't wait, to look forward to	검색하다	to search, to browse			늦잠	oversleeping
		대화	conversation	급하다	to be urgent	알람	alarm
전날	the day before			예술	art	깜빡하다	to forget

Lesson 21.
Advanced Idiomatic Expressions 14

Section I - Translation Practice

영어 번역을 보고 상자에서 알맞은 표현을 골라 밑줄 친 부분에 쓰세요. 각 표현은 한 번씩만 사용됩니다.

Fill in the blanks by choosing the most suitable expression from the box. Each expression is used only once.

- 말을 높이다
- 말이 많다
- 말 나오지 않게 하다
- 입에 발린 말만 하다
- 말도 안 되다
- 말문이 막히다
- 말이 말 같지 않다
- 할 말을 잃다
- 말을 아끼다
- 말을 꺼내다

---

1. 저도 하고 싶은 말은 많았지만, 오늘 기자들 앞에서는 ~~~~~~~~~~~~~~~~~~~~~~~~~~~~~.

   = I had a lot that I wanted to say too, but in front of the reporters today, I did not say much.

2. 내 ~~~~~~~~~~~~~~~~~~~~~~~~~? 왜 자꾸 그러는 거야?

   = Do you think what I am saying is worthless? Why do you keep doing that?

3. 저한테는 _____ 안 ~~~~~~~~~~~~~~~~~~~~~~~~. 말 편하게 하세요.

   = You do not have to speak formally to me. Please speak in casual language to me.

4. 요즘 그 회사에 대해서 ~~~~~~~~~~~~~~~~~~~~~~~~~~.

   = There is a lot of controversy about that company these days.

5. ~~~~~~~~~~~~~~~~~~~~~~~~. 한국어 한 달 배우고 토픽 6급을 땄다는 게 말이 돼?

   = Impossible. Does it make sense that he/she passed TOPIK level 6 after learning Korean for a month?

6. 더 이상 ~~~~~~~~~~~~~~~~~~~~~~ 앞으로 더 조심하세요.

   = Be careful so that there will not be any more talk about it in the future.

7. 그 사람은 맨날 ~~~~~~~~~~~~~~~~~~~~~~~. 다 믿으면 안 돼요.

   = He always only pays lip service. You should not believe everything he says.

8. 갑작스러운 제안에 너무 놀라서 ~~~~~~.

   = I was so surprised by the sudden offer that I did not know what to say.

9. 그 사람이 너무 **뻔뻔하게** 나와서 제가 ~~~~~~~~~~~~~~~~~~~~~~~~~~~~~~~~.

   = He acted so shamelessly that I was at a loss for words.

10. 저도 오랫동안 고민하다가 어렵게 ~~~~~~ 거예요.

   = I also hesitated for a long time before I brought it up with difficulty.

Section II - Reading Comprehension

다음 편지를 잘 읽고 문제를 풀어 보세요.

Read the letter carefully and answer the questions.

희주 씨에게

희주 씨! 저 소희예요.

오늘 희주 씨 생일이죠? 생일 정말 축하해요.

작년에 입사해서 희주 씨를 처음 만났을 때, 희주 씨가 저랑 나이가 같다고 해서 좋았어요.

그래서 희주 씨한테 말을 자주 걸었는데, 희주 씨랑 말이 참 잘 통한다고 느꼈어요.

회사에서 말이 통하는 친구를 만날 줄은 생각도 못 했는데... 정말 기뻤어요.

우리는 말도 잘 통하고 마음도 잘 통하는 것 같아요.

항상 제 이야기를 잘 들어 주고, 희주 씨 이야기도 많이 들려줘서 고마워요.

고맙다는 말을 꺼내는 게 좀 부끄러워서 그동안 못 했는데, 이렇게 편지로라도 희주 씨한테

고맙다고 말하고 싶었어요.

이건 입에 발린 말이 아니고 제 진심이에요. 제 마음 알죠?

우리 앞으로도 같이 일도 열심히 하고, 더 많이 친하게 지내요.

P.S. 우리 이제 많이 친해졌으니까, 앞으로 말 안 높이셔도 돼요! 저한테 말 편하게 해 주세요!

20XX. 06. 08.

소희가

* Vocabulary

입사하다 = to enter a company, to join a company

---

11. What can you find out from the letter?

    a. 소희의 나이   *b.* 소희가 입사한 달

    c. 희주의 생일   *d.* 희주가 입사한 달

12. Choose the <u>incorrect</u> statement according to the letter.

    a. 희주와 소희는 작년에 처음 만났다.

    b. 희주와 소희는 서로에게 말을 높이고 있다.

    c. 소희는 희주와 대화가 잘 통한다고 생각한다.

    d. 희주는 소희에게 말을 아끼는 편이다.

Section III - Listening Comprehension

대화를 잘 듣고 문제를 풀어 보세요.

Listen to the dialogue and answer the following questions.

* 주름살 = wrinkles

13. Choose all the correct statements about the man according to the conversation.

    a. 남자는 피부 때문에 한 달에 한 번씩 병원에 갔었다.

    b. 남자는 여드름 때문에 고민이 많다.

    c. 남자는 말이 많은 의사 선생님을 싫어한다.

    d. 남자는 병원이 너무 멀어서 요즘은 병원을 안 가고 있다.

14. Choose what you <u>cannot</u> find out about the hospital according to the conversation.

    a. 남자가 다니던 병원은 원래부터 말이 많은 병원이었다.

    b. 남자가 다니던 병원은 치료비가 비싼 병원이다.

    c. 남자가 다니던 병원에 갔다가 여드름이 더 생긴 사람도 있다.

    d. 남자가 다니던 병원은 최근에 이름을 바꾸었다.

Section IV - Dictation

대화를 잘 듣고 밑줄 친 부분에 알맞은 말을 쓰세요. 대화는 두 번 들려 드립니다.

Listen carefully and fill in the blanks. The dialogue will be played twice.

현우: 경화 씨, 석진 씨한테 요즘 무슨 일 있냐고 물어봤어요?

경화: 네. 근데 15.  아무 일 없다고 하더라고요.

현우: 진짜요? 아무 일 없대요?

경화: 네. 저한테는 16. ~~_____~~ . 현우 씨가 한번 이야기해 봐요.

현우: 네, 그럴게요.

Section V - Speaking Practice

Section IV의 대화를 한두 문장씩 들려 드리고, 긴 문장은 나누어서 들려 드립니다.
잘 듣고 따라 하세요. 전체 대화문은 Answer Key에서 확인할 수 있습니다.

A native speaker will read the dialogue from Section IV one or two sentences at a time. If a sentence is too long, it may be split into two or three parts. Listen and repeat after each part. You can check out the complete dialogue in the Answer Key at the back of the book.

Vocabulary

입사하다	to enter a company, to join a company	그동안	so far, until now	피부	skin	최근에	recently
		서로	each other	여드름	pimple, acne	-씩	each, respectively
들려주다	to let someone hear	대화	conversation	치료비	medical fee, doctor's fee	주름살	wrinkles

Lesson 22.
Various Usages of the Ending -며

Section I - Comprehension

밑줄 친 문장에서 '-(으)며'나 '-(이)며'의 의미를 상자에서 골라 번호를 쓰세요.

Choose which role -(으)며 or -(이)며 is playing in the underlined sentence from the box and write the number in the parentheses.

---

① *connecting two verbs in a parallel manner*

② *connecting two actions that are happening at the same time, with the meaning of "while doing something"*

③ *listing nouns (implying that not every existing item is being mentioned, and that there are likely more that could be mentioned)*

---

1. A: 오늘 저녁에 마트 갈까요?

    B: 뭐 살 거 있어요?

    A: 그럼요. <u>사과며 고기며 살 거 많아요.</u> (   )

2. A: 걷는 것이 우리 몸에 좋다는 사실은 다들 알고 계시죠?

    B: 네!

    A: <u>걷기 운동은 돈도 안 들고, 아무 데서나 할 수 있으며, 크게 힘들지 않아 좋습니다.</u> (   )

    여러분, 많이 걸으세요.

3. A: 지나 씨는 가 보고 싶은 나라 있어요?

    B: 그럼요. 많죠.

    A: 어디 가 보고 싶어요?

    B: <u>미국이며 스페인이며 호주며 다 가 보고 싶어요.</u> (   )

4. A: 안녕하세요. 죄송하지만 길 좀 물을게요. TTMIK 호텔 가려면 어디로 가야 돼요?

　　B: 어느 길로 가도 TTMIK 호텔까지 가요. 하지만 이 길이 가장 빠르고, 안전하며 걷기 쉬운 길이에요.

　　　（　　）

5. A: 음악을 들으며 공부를 하면 공부에 도움이 될까요? （　　）

　　B: 저는 도움이 되는 것 같아요.

Section II - Reading Comprehension

다음 블로그 글을 잘 읽고 문제를 풀어 보세요.

Read the blog post carefully and answer the questions.

[홍대입구역 맛집 / 불고기 맛집]

ㄱ

👤 다혜　　　　　　　　　　　　　　　　20XX.12.06. 10:00　　➤　⋮

ⓛ홍대입구역 근처에 식당은 많은데 맛있고, 저렴하고, 분위기까지 좋은 식당은 거의 없죠?

그런데 제가 지난주에 간 식당이 딱 그런 식당이었습니다.

홍대입구역 근처에 새로 생긴 'TTMIK 불고기'

아침 11시부터 줄이 엄청 길더라고요.

이 식당의 인기 메뉴 불고기를 시켰는데, 이렇게 김치찌개가 같이 나왔어요.

잘못 나온 줄 알았는데, 서비스라고 하시더라고요. 불고기를 _____ⓒ_____

그다음에 바로 김치찌개를 먹으니까 너무 맛있었어요!

아! 참고로 김치찌개는 12월 31일까지만 서비스로 주신다고 합니다.

불고기는 정말 부드럽고 맛있었어요. 물론 서비스로 주신 김치찌개도 다른 곳에서 파는

김치찌개보다 훨씬 맛있었습니다. 서비스로 주는 음식까지 맛있는 곳은 별로 없는 거 아시죠?

불고기도 20,000원이어서 정말 싼 편인데, 김치찌개까지 먹을 수 있다니! 정말 대박이죠?

아, 그리고 식당 안이 시끄럽지 않아서 좋았어요. 조용하게 _____ⓔ_____ 밥 먹을

곳을 찾는 분들은 'TTMIK 불고기' 가시면 좋아하실 것 같습니다.

누가 홍대입구역 맛집을 물어보면 이제 저는 'TTMIK 불고기'가 제일 먼저 생각날 것 같아요.

이번 주말에도 친구들이랑 같이 가려고요.

친절하고, 맛있고, 가격도 비싸지 않은 'TTMIK 불고기' 추천합니다!

Vocabulary
대박 = a big hit, amazing

6. If you replace one of the connective endings in the sentence ⓛ with -(으)며 or -(이)며, which part would fit the best?

    a. 많은데 → 많으며

    b. 맛있고 → 맛있으며

    c. 저렴하고 → 저렴하며

    d. 분위기까지 → 분위기며

7. Choose the words that best fit in the blanks.

    a. ⓒ 입에 넣고   ⓔ 이야기하고

    b. ⓒ 입에 넣고   ⓔ 이야기하며

    c. ⓒ 입에 넣으며   ⓔ 이야기하고

    d. ⓒ 입에 넣으며   ⓔ 이야기하며

8. Choose the correct statement(s) according to the blog post.

    a. 'TTMIK 불고기' 식당에서 가장 인기 있는 메뉴는 김치찌개다.

    b. 'TTMIK 불고기' 식당에서는 12월 31일까지만 김치찌개를 판다.

    c. 'TTMIK 불고기'는 인기가 많은 식당이다.

    d. 'TTMIK 불고기' 식당은 시끄러운 편이다.

9. Write a title for the blank ⓐ by using all the expressions from the box.

> -(이)며, 완벽하다, 맛, TTMIK 불고기, -았/었/였던, 분위기

Section III - Listening Comprehension

뉴스를 잘 듣고 문제를 풀어 보세요.

Listen to the news and answer the questions.

* 직장인 = office worker

10. Choose the place where the man is right now.

    a.

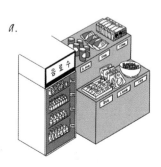

    b.

c.

d.

Section IV - Dictation

대화를 잘 듣고 밑줄 친 부분에 알맞은 말을 쓰세요. 대화는 두 번 들려 드립니다.

Listen carefully and fill in the blanks. The dialogue will be played twice.

윤하: 승완 씨, 가방 산다고 했죠? 이 가방은 어때요?

승완: 아... 별로 튼튼해 보이지 않네요. 저는 11. _____ 들고 다니는 게 많거든요.

윤하: 그렇군요. 그럼 이 가방은 어때요? 가볍고, 12. _____, 가격도 합리적*이라고
쓰여 있어요.

승완: 오! 딱 제가 13. _____ 가방이네요. 감사해요.

* 합리적 = *rational, reasonable*

Section V - Speaking Practice

Section IV의 대화를 한두 문장씩 들려 드리고, 긴 문장은 나누어서 들려 드립니다.
잘 듣고 따라 하세요. 전체 대화문은 Answer Key에서 확인할 수 있습니다.

A native speaker will read the dialogue from Section IV one or two sentences at a time. If a sentence
is too long, it may be split into two or three parts. Listen and repeat after each part. You can check
out the complete dialogue in the Answer Key at the back of the book.

Vocabulary

하지만	but, however	딱	exactly	생각나다	to come to mind, to occur to	나누다	to share, to exchange
안전하다	to be safe	서비스	complimentary thing, something on the house	직장인	office worker	모습	appearance, figure
도움	help			다양하다	to be various	음료수	beverage
홍대입구역	Hongik Univ. station	그다음	next, following	시도하다	to try, to attempt	언제든지	anytime, whenever
		참고	reference	자유롭다	to be free		
맛집	must-eat place	대박	a big hit, amazing			합리적	rational, reasonable
저렴하다	to be inexpensive						

Talk To Me In Korean Workbook

Section I - Complete the Dialogue

상자에서 알맞은 표현을 고르고, '-아/어/여서인지'나 '-아/어/여서 그런지'를 사용해서 대화를 완성하세요.

Complete the dialogues by choosing the appropriate expression from the box and conjugating it with -아/어/여서인지 or -아/어/여서 그런지.

- 어제 비가 오다
- 머리를 묶었다
- 오늘 일요일이다
- 아까 커피를 마셨다
- 책이 얇다
- 점심을 너무 많이 먹었다
- 오늘 날씨가 좋다
- 오후 늦게까지 잠을 자다

---

1. A: 현우 씨, 제가 준 책 다 읽었어요?

   B: 네, ＿＿＿＿＿＿＿＿＿＿＿＿＿＿＿＿ 빨리 읽을 수 있었어요.

2. A: 방이 좀 춥지 않아요?

   B: 네, ＿＿＿＿＿＿＿＿＿＿＿＿＿＿＿＿ 좀 추운 거 같아요.

3. A: ＿＿＿＿＿＿＿＿＿＿＿＿＿＿＿＿ 공원에 사람들이 많네요.

   B: 맞아요. 우리가 앉을 자리가 있을까요?

4. A: 연우 씨, 아직도 안 자고 있었어요?

   B: 네. ＿＿＿＿＿＿＿＿＿＿＿＿＿＿＿＿ 잠이 안 오네요.

5. A: ＿＿＿＿＿＿＿＿＿＿＿＿＿＿＿＿ 허리가 좀 아파요.

   B: 침대에 오래 누워 있으면 허리가 아파요? 저는 그런 적이 없어서요.

6. A: 다혜 씨, 저녁 먹으러 안 가요?

   B: 저는 ＿＿＿＿＿＿＿＿＿＿＿＿＿＿＿＿ 아직 배가 안 고프네요. 다녀오세요.

7. A: 와, _____ 마트에 사람이 많네요.

   B: 그러네요. 빨리 살 거 사고 나가는 게 좋겠어요.

8. A: 예지 씨, _____ 다른 사람 같아요.

   B: 그래요? 머리 묶은 게 나아요, 푼 게 나아요?

Section II - Reading Comprehension

다음 기사를 읽고 문제를 풀어 보세요.

Read the following article and answer the questions.

TTMIK Times

날씨가 너무 추워... 가게 문도 일찍 닫는다

이번 겨울 기온이 크게 떨어져서 거리의 가게들이 일찍 문을 닫고 있습니다. 작은 가게들은 물론이고 큰 시장도 일찍 문 닫는 모습을 쉽게 볼 수 있습니다. 실제로 지난 12월 19일에는 저녁 기온이 3~6도 사이였지만, 23일에는 -5~-10도로 크게 떨어졌습니다. 이런 이유로 거리의 식당이나 카페들이 밤에 일찍 문을 닫는 경우가 많습니다.

서울에서 카페를 운영하는 최OO 씨는 "갑자기 추워져서인지 손님이 없다"면서 "낮보다 저녁에 손님이 많았는데, 추워진 후에는 저녁에 손님이 아예 없다", "밤에는 문을 열어 놓는 게 손해일 정도"라고 말했습니다.

식당을 운영하는 김OO 씨는 "작년에도 추웠지만 손님이 이렇게 없었던 적은 없다"면서 "이번 주에 3일 연속으로 눈이 와서 그런지 사람들이 집 밖으로 안 나오는 것 같다"라고 말했습니다.

(TTMIK 뉴스) 김소희 기자 / 20XX-12-24 09:41 a.m.

> * *Vocabulary*
> 아예 = *at all*
> 연속 = *streak, series*

9. Which one is not the reason why restaurants and cafes close earlier than usual?

    a. 사람들이 집 밖으로 안 나와서

    b. 작년에 추웠기 때문에

    c. 손님이 너무 없어서

    d. 문을 열어 놓는 게 손해이기 때문에

10. Choose what you can guess based on this article.

    a. 12월이 되면서 갑자기 추워졌다.

    b. 추우면 식당이나 카페에 손님이 없다.

    c. 식당이나 카페는 보통 9시쯤 문을 닫는다.

    d. 작년에는 올해보다 손님이 더 없었다.

Section III - Listening Comprehension

대화를 잘 듣고 문제를 풀어 보세요.

Listen to the conversation and answer the following questions.

[11~16] Decide if the statement is true or false. Write "T" if the statement is true and "F" if it is false based on the article.

11.   여자는 주말에 제주도에 갈 예정이다. _____

12.   남자는 여자보다 나이가 많다. _____

13.   지금은 여름이다. _____

14.   남자는 평일에 친구를 잘 만나지 않는다. _____

15.   남자는 요즘 너무 더워서 피곤한 것 같다고 생각한다. _____

16.   여자는 요즘 나이가 들어서 빨리 피곤해진다고 생각한다. _____

Section IV - Dictation

대화를 잘 듣고 밑줄 친 부분을 채우세요. 대화는 두 번 들려 드립니다.

Listen carefully and fill in the blanks. The dialogue will be played twice.

준배: 17. _____ 영화관에 사람이 없네요.

다혜: 그러게요. 어, 영화 시작한다.

준배: 근데... 다혜 씨... 18. _____ 좀 무섭네요.

다혜: 어! 저기 귀신* 있다!

준배: 으악!

* 귀신 = *ghost*

Section V - Speaking Practice

Section IV의 대화를 한두 문장씩 들려 드리고, 긴 문장은 나누어서 들려 드립니다.
잘 듣고 따라 하세요. 완전한 대화문은 Answer Key에서 확인할 수 있습니다.

A native speaker will read the dialogue from Section IV one or two sentences at a time. If a sentence is too long, it may be split into two or three parts. Listen and repeat after each part. You can check out the complete dialogue in the Answer Key at the back of the book.

Vocabulary

기온	temperature	낮	day	바다	sea	누구나	anyone
모습	figure	아예	at all	휴가철	vacation season	그러게	right, I know
경우	case	연속	streak, series	귀찮다	can't be bothered to do something, to feel too lazy, to be a hassle	귀신	ghost
운영하다	to run (a business)	종일	all day				
		평일	weekday				

Lesson 24.
I guess I will have to
-아/어/여야겠다

Section I - Writing Practice

아래 패턴에 A와 B에서 고른 적절한 표현을 넣어 그림에 어울리는 문장을 만들어 보세요.

Write the sentence that suits the drawing by combining the pattern below and the appropriate expressions from the box.

Pattern: -(으)니까 -아/어/여야겠다. = Since/Because... I guess I will have to [verb].

A	B
• 안 어울릴 수도 있다	• 지금 자다
• 눈이 더 많이 오면 길이 막히다	• 입어 보다
• 내일 아침에 일찍 나가야 되다	• 집에 빨리 가다

1. ﹏﹏﹏﹏﹏﹏﹏﹏﹏﹏﹏﹏﹏﹏﹏﹏﹏﹏﹏
   ﹏﹏﹏﹏﹏﹏﹏﹏﹏﹏﹏﹏﹏﹏﹏﹏﹏﹏﹏

2. ﹏﹏﹏﹏﹏﹏﹏﹏﹏﹏﹏﹏﹏﹏﹏﹏﹏﹏
   ﹏﹏﹏﹏﹏﹏﹏﹏﹏﹏﹏﹏﹏﹏﹏﹏﹏﹏﹏

3. ～～～～～～～～～～～～～～～～～～～～～～
   ～～～～～～～～～～～～～～～～～～～～～～

Pattern: -기 전에 -아/어/여야겠다. = Before... I guess I will have to [verb].

A	B
• 물에 들어가다	• 한국어 공부 좀 하다
• 한국으로 여행 가다	• 안경을 맞추러 가다
• 눈이 더 나빠지다	• 준비 운동을 하다

4. ～～～～～～～～～～～～～～～～～～～～～～
   ～～～～～～～～～～～～～～～～～～～～～～

5. ～～～～～～～～～～～～～～～～～～～～～～
   ～～～～～～～～～～～～～～～～～～～～～～

6. ～～～～～～～～～～～～～～～～～～～～～～
   ～～～～～～～～～～～～～～～～～～～～～～

Section II - Reading Comprehension

다음은 다혜와 소연이 주고받은 문자 메시지의 일부입니다. 잘 읽고 문제를 풀어 보세요.

The following is part of a text message conversation between Dahye and Soyeon. Read carefully and answer the questions.

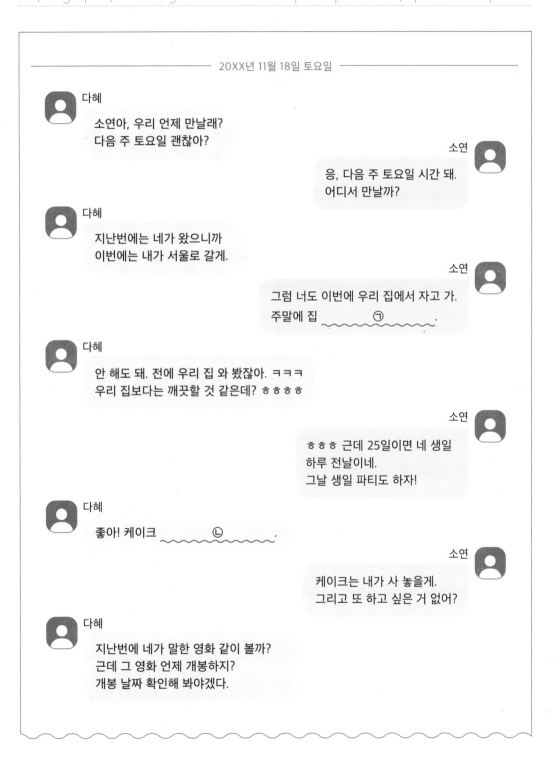

20XX년 11월 18일 토요일

다혜
소연아, 우리 언제 만날래?
다음 주 토요일 괜찮아?

소연
응, 다음 주 토요일 시간 돼.
어디서 만날까?

다혜
지난번에는 네가 왔으니까
이번에는 내가 서울로 갈게.

소연
그럼 너도 이번에 우리 집에서 자고 가.
주말에 집　　　ㄱ　　　.

다혜
안 해도 돼. 전에 우리 집 와 봤잖아. ㅋㅋㅋ
우리 집보다는 깨끗할 것 같은데? ㅎㅎㅎㅎ

소연
ㅎㅎㅎ 근데 25일이면 네 생일
하루 전날이네.
그날 생일 파티도 하자!

다혜
좋아! 케이크　　　ㄴ　　　.

소연
케이크는 내가 사 놓을게.
그리고 또 하고 싶은 거 없어?

다혜
지난번에 네가 말한 영화 같이 볼까?
근데 그 영화 언제 개봉하지?
개봉 날짜 확인해 봐야겠다.

소연

아, 맞다! 그 영화 다음 주에
개봉한대. 같이 보러 가자.

다혜

아, 정말? 잘됐다.
영화 본 다음에 네가 전에 맛있었다
고 한 그 식당 가는 거 어때?

소연

좋아. 내가 예약해 놓을게.
아직 기차표 안 끊었지?

다혜

응. 일단 표 먼저 끊어야겠다.

소연

표 끊고 몇 시에 도착하는지 알려 줘.
그다음에 또 뭐 할지 정하자.

다혜

알겠어.

* Vocabulary
개봉하다 = to release, to unseal
개봉 = premiere, release
예약하다 = to make a reservation, to book

7. Choose the words that best fit in the blanks ㉠ and ㉡.

a. ㉠ 청소해야겠다 ㉡ 사 줘
b. ㉠ 청소하자 ㉡ 사 줘
c. ㉠ 청소해야겠다 ㉡ 사야겠다
d. ㉠ 청소하자 ㉡ 사야겠다

8. Choose what Soyeon will not do before meeting Dahye.

a. 방 청소하기
b. 케이크 사기
c. 식당 예약하기
d. 기차표 끊기

9. Choose what you can assume based on the conversation above.

a. 다혜와 소연은 항상 서울에서 만난다.
b. 다혜와 소연은 11월 25일에 만날 것이다.
c. 다혜의 방은 소연의 방보다 깨끗하다.
d. 소연이 다혜의 기차표를 끊어 줄 것이다.

Section III - Listening Comprehension

대화를 잘 듣고 문제를 풀어 보세요.

Listen to the dialogue and answer the following questions.

10. Choose the correct color of the gloves the man will buy.

    a. 검은색   *b.* 흰색

11. Choose what you <u>cannot</u> assume based on the dialogue.

    a. 여자는 남자와 같은 바지를 살 것이다.   *b.* 남자는 밝은색 장갑을 살 것이다.

    c. 남자는 내일 회사에 바지를 가져올 것이다.   *d.* 여자와 남자는 같은 회사에서 일한다.

Section IV - Dictation

대화를 잘 듣고 밑줄 친 부분에 알맞은 말을 쓰세요. 대화는 두 번 들려 드립니다.

Listen carefully and fill in the blanks. The dialogue will be played twice.

동근: 보람 씨, 보람 씨는 커피 안 마시죠? 먼저 들어가세요.

    저는 커피 좀 사 가지고 12. ＿＿＿＿＿＿＿＿＿＿＿＿＿

보람: 커피요? 커피 끊겠다면서요.

동근: 안 13. ＿＿＿＿＿＿＿＿. 머리가 너무 아파서 한 잔 14. ＿＿＿＿＿＿＿＿＿＿.

보람: 그래요? 그럼 같이 사러 가요.

Section V - Speaking Practice

Section IV의 대화를 한두 문장씩 들려 드리고, 긴 문장은 나누어서 들려 드립니다.
잘 듣고 따라 하세요. 전체 대화문은 Answer Key에서 확인할 수 있습니다.

A native speaker will read the dialogue from Section IV one or two sentences at a time. If a sentence is too long, it may be split into two or three parts. Listen and repeat after each part. You can check out the complete dialogue in the Answer Key at the back of the book.

Vocabulary

전날	the day before	개봉	premiere, release	끊다	to buy (tickets)	흰색	white
그날	that day	예약하다	to make a reservation, to book	그다음	next, following	바지	pants
개봉하다	to release, to unseal	기차표	train ticket	검은색	black	밝은색	bright color

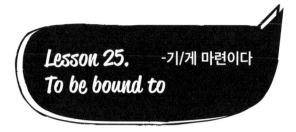

Lesson 25.
To be bound to
-기/게 마련이다

Section I - Translation Practice

다음 문장을 '-기 마련이다'를 사용해서 한국어로 번역하세요.

Translate the following sentences into Korean using -기 마련이다.

1. The truth is bound to come to light eventually.

    = ⁓⁓⁓⁓⁓⁓⁓⁓⁓⁓⁓⁓⁓⁓⁓⁓⁓⁓⁓⁓⁓⁓⁓⁓⁓⁓

2. You are bound to have such times.

    = ⁓⁓⁓⁓⁓⁓⁓⁓⁓⁓⁓⁓⁓⁓⁓⁓⁓⁓⁓⁓⁓⁓⁓⁓⁓⁓

3. As you live your life, there are certainly things you regret.

    = ⁓⁓⁓⁓⁓⁓⁓⁓⁓⁓⁓⁓⁓⁓⁓⁓⁓⁓⁓⁓⁓⁓⁓⁓⁓⁓

4. When you exercise, you are bound to get hurt from time to time.

    = ⁓⁓⁓⁓⁓⁓⁓⁓⁓⁓⁓⁓⁓⁓⁓⁓⁓⁓⁓⁓⁓⁓⁓⁓⁓⁓

5. As time passes, it is bound to be forgotten.

    = ⁓⁓⁓⁓⁓⁓⁓⁓⁓⁓⁓⁓⁓⁓⁓⁓⁓⁓⁓⁓⁓⁓⁓⁓⁓⁓

6. When several people work together, there will sometimes be misunderstandings.

    = ⁓⁓⁓⁓⁓⁓⁓⁓⁓⁓⁓⁓⁓⁓⁓⁓⁓⁓⁓⁓⁓⁓⁓⁓⁓⁓

Section II - Reading Comprehension

다음 글을 잘 읽고 문제를 풀어 보세요.

Read the passage carefully and answer the questions.

TTMIK **FITNESS CENTER**

게시판

열심히 운동해서 좋은 결과를 얻은 분들의 글을 읽어 보세요.

> **>> 김소희 회원의 글**

안녕하세요! 저는 3월부터 9월까지 김예지 선생님의 운동 수업을 들은 학생이에요. 제가 지난 6개월 동안 운동을 하면서 배운 게 있는데요. 바로 뭐든지 꾸준히 노력하면 좋은 결과를 얻기 마련이라는 것이에요.

저는 원래 운동을 별로 좋아하지 않는 사람이었어요. 그래서 처음에는 운동하는 게 너무 힘들었어요. 운동을 시작하고 2주가 지날 때까지도 진짜 포기하고 싶었어요. 정말 정말 힘들게 운동을 했는데도 불구하고, 살도 안 빠지고 근육도 안 생겼었거든요. 그런데 그때 김예지 선생님께서 저한테, 운동은 배신하지 않을 거라고 하셨어요. 그래서 저는 선생님 말씀을 믿고 계속 운동을 했죠. 그렇게 한 달이 지나니까 정말 살이 빠지기 시작했고 근육도 생기기 시작했어요. 그리고 이제는 운동을 정말 좋아하게 됐어요. 선생님 말씀대로, 꾸준히 운동을 하면 좋은 결과를 얻기 마련이더라고요.

저는 이 경험 덕분에, 뭐든지 꾸준히 노력하면 성공하기 마련이라는 것을 배웠어요. 김예지 선생님한테 운동뿐만 아니라, 인생을 배운 기분이에요. 잘 가르쳐 주시고 응원도 해 주신 김예지 선생님, 정말 감사합니다! 그리고 열심히 운동한 나 자신! 정말 수고했다! 여러분도 꾸준히 운동해서 좋은 결과를 얻으세요. 제가 응원할게요!

* Vocabulary
근육 = *muscle*   배신하다 = *to betray*

7. Choose what you *cannot* find out from the passage above.

  a. 김소희 회원은 학생이다.

  b. 김소희 회원은 6개월 동안 김예지 선생님의 수업을 들었다.

  c. 김소희 회원은 운동을 중간에 포기했었다.

  d. 김소희 회원은 운동을 하고 살이 빠졌다.

8. What can you *not* assume 김예지 선생님 *said to* 김소희 학생?

  a. 꾸준히 운동하면 원하는 걸 얻을 거예요.

  b. 조금만 더 참고 운동해 보세요.

  c. 결국에는 운동 효과가 있을 거예요.

  d. 살을 빼거나 근육을 만들거나 둘 중에 하나만 골라 보세요.

9. What did 김소희 학생 *not learn from* 김예지 선생님*'s class?*

  a. 뭐든지 꾸준히 노력하면 성공하기 마련이다.

  b. 꾸준히 운동하면 좋은 결과를 얻기 마련이다.

  c. 운동을 열심히 하면 선생님이 응원해 주기 마련이다.

  d. 운동은 배신하지 않기 마련이다.

Section III - Listening Comprehension

라디오 방송의 일부를 잘 듣고, 문제를 풀어 보세요.

Listen carefully to an excerpt of this radio show and answer the following questions.

10. What is 동근's concern?

  a. 실수를 너무 많이 하는 것

  b. 실수를 한 자신을 너무 쉽게 용서하는 것

  c. 실수를 너무 안 하는 것

  d. 실수를 한 자신을 용서할 수 없는 것

11. Choose the statement which is *not* correct according to the story.

  a. 여자는 사람은 누구나 실수를 한다고 생각한다.

  b. 여자는 자신을 잘 용서하지 못한다고 생각한다.

  c. 여자는 실수를 통해서 배울 수 있다고 생각한다.

  d. 여자는 시간이 지나면 실수는 잊힌다고 생각한다.

Talk To Me In Korean Workbook

Section IV - Dictation

대화를 잘 듣고 밑줄 친 부분에 알맞은 말을 쓰세요. 대화는 두 번 들려 드립니다.

Listen carefully and fill in the blanks. The dialogue will be played twice.

예지: 승완 씨, 첫 촬영 12. _____?

승완: 너무 긴장해서 무슨 말을 했는지 모르겠어요. 휴...

예지: 힘내요! 처음에는 누구나 긴장하기 13. _____.

승완: 고마워요. 점점 나아지겠죠?

예지: 당연하죠. 계속 하다 보면 14. _____.

Section V - Speaking Practice

Section IV의 대화를 한두 문장씩 들려 드리고, 긴 문장은 나누어서 들려 드립니다.
잘 듣고 따라 하세요. 전체 대화문은 Answer Key에서 확인할 수 있습니다.

A native speaker will read the dialogue from Section IV one or two sentences at a time. If a sentence is too long, it may be split into two or three parts. Listen and repeat after each part. You can check out the complete dialogue in the Answer Key at the back of the book.

Vocabulary

개월	counter for month	경험	experience	응원하다	to support, to cheer	기록하다	to record, to document
뭐든지	anything, whatever	성공하다	to succeed	고민	concern, worry	힘내다	to gain strength
꾸준히	steadily	인생	life	상담소	counseling center	점점	gradually, more and more
근육	muscle	응원	support	번째	counter for ordinal numbers		
배신하다	to betray	여러분	everyone				

Lesson 26.
Advanced Idiomatic Expressions 15

Section I - Complete the Dialogue

상자에서 가장 알맞은 표현을 골라 대화를 완성하세요. 각 표현은 한 번만 사용됩니다.

Complete the dialogues using the most appropriate expression from the box. Each expression is used only once.

- 하나 없는
- 하나도 모르겠어요
- 하나밖에 없는
- 하나부터 열까지
- 하나도 없는
- 하나도 남김없이
- 하나도 안 아팠어요

---

1. A: 우와, 이 가방 어디에서 샀어요? 너무 예쁘다.

   B: 제가 만들었어요. 예지 씨를 위한 세상에 ＿＿＿＿＿＿＿＿＿＿＿ 가방이에요.

2. A: 승완 씨, 이거 진짜 제가 다 가져가도 괜찮아요?

   B: 네. ＿＿＿＿＿＿＿＿＿＿＿ 가져가세요. 저는 필요 없어요.

3. A: 주연 씨, 카페 아르바이트 잘하고 있어요?

   B: 지난주에 그만뒀어요. 세상에 쉬운 일이 ＿＿＿＿＿＿＿＿＿＿＿ 것 같아요.

4. A: 희주 씨, 아까 넘어진 데 괜찮아요?

   B: 네. 다행히 매트 위에 떨어져서 ＿＿＿＿＿＿＿＿＿＿＿.

5. A: 현우 씨 어머니는 현우 씨에 대해서 모르는 게 없으시네요.

   B: 제가 매일 전화로 ＿＿＿＿＿＿＿＿＿＿＿ 다 이야기하거든요.

6. A: 책을 벌써 다 쓰셨다고요?

   B: 네. 진짜 힘들었어요. 창문 ＿＿＿＿＿＿＿＿＿＿＿ 방에서 여섯 달 동안 글만 썼어요.

7. A: 노트북을 사려고 하는데 종류가 너무 많아서 어떤 걸 사야할지 ＿＿＿＿＿＿＿＿＿＿＿.

   B: 저도요. 두루 씨한테 같이 물어볼래요?

Section II - Reading Comprehension

다음 상품 설명을 읽고 문제를 풀어 보세요.

Read the following product description and answer the questions.

| 책 소개 |

초보자도 쉽게 따라 할 수 있는, 태블릿 PC로 그림 그리기

<태블릿 PC로 그림 그리기 참 쉽죠?>, 이런 분들에게 추천해요!

- 태블릿 PC를 샀는데, 뭘 해야 할지 _____㉠_____ 모르겠다.
- 그림을 그리고 싶은데 무엇을 그려야 할지 잘 모르겠다.
- 쉽고 재미있게 그림을 배우고 싶다.
- 하나밖에 없는 나만의 그림을 그려 보고 싶다.

'태블릿 PC만 사면 나도 저런 멋진 그림 그릴 수 있을 줄 알았는데...'
이렇게 생각하고 계신 분들 많으시죠? 이제 걱정하지 마세요. <태블릿 PC로 그림
그리기 참 쉽죠?>로 태블릿 PC로 그림 그리는 방법을 배워 보세요.

선 긋기부터 나만의 작품 완성까지!

<태블릿 PC로 그림 그리기 참 쉽죠?>는 그림 그리는 방법을 하나부터 ____ⓛ____ 까지 차근차근 설명해 주는 초보자를 위한 책이에요. 먼저, 선을 긋는 방법부터 알려 드려요. 그다음에는 예쁜 글씨를 쓰는 방법, 간단한 그림 그리는 방법을 알려 드립니다. 천천히 따라 하다 보면 마지막에는 세상에 하나밖에 없는 나만의 작품까지 완성할 수 있어요. 일러스트레이터 박주연의 노하우를 ⓒ하나도 남김없이 알려 드립니다.

매일매일 연습해 보세요!

따라 그려 보는 게 중요해요. 매일 그림 하나씩 연습해 보세요! 360개의 그림을 담고 있습니다!

세상에 하나밖에 없는 나만의 그림 그리기,
오늘부터 시작해 보세요!

* Vocabulary

긋다 = to draw, to rule   작품 = work (of art)   완성 = completion
차근차근 = in a calm and orderly way   완성하다 = to complete

8. Choose the words that best fit in the blanks ⓛ and ⓛ.

  a. ⓛ 하나도 ⓛ 둘   b. ⓛ 하나도 ⓛ 열

  c. ⓛ 하나   ⓛ 둘   d. ⓛ 하나   ⓛ 열

9. Choose the word that can replace the underlined part ⓒ.

  a. 자주   b. 아무   c. 전부   d. 전체

10. Who do you think should buy the advertised book out of the four people below?

> 경화: 태블릿 PC로 할 수 있는 게 많아서 너무 좋아요.
>
> 다혜: 저는 그림 그리는 걸 싫어해요.
>
> 소연: 태블릿 PC로 그림을 어떻게 그리는지 모르겠어요.
>
> 예림: 얼마 전에 태블릿 PC를 샀어요.

Answer: ～～～～～～～～～～～

11. Choose the correct statement about the book <태블릿 PC로 그림 그리기 참 쉽죠?>.

    a. 태블릿 PC를 어떻게 사는지 알려 주는 책이다.

    b. 설명이 하나도 없는 책이다.

    c. 세상에서 단 한 명만 살 수 있는 책이다.

    d. 초보자를 위한 책이다.

Section III – Listening Comprehension

대화를 잘 듣고 문제를 풀어 보세요.

Listen to the dialogue and answer the following questions.

                                             * 그나저나 = by the way

12. Which expression is the most natural for the woman to say at the end?

    a. 이게 다 승완 씨를 위한 하나밖에 없는 소리예요.

    b. 이게 다 만에 하나 승완 씨를 위해 하는 소리예요.

    c. 이게 다 하나를 보면 승완 씨의 열을 아는 소리예요.

    d. 이게 다 하나부터 열까지 승완 씨를 위한 소리예요.

13. Choose what you can assume according to the dialogue.

    a. 승완은 밥을 다 먹었다.

    b. 예지의 책상은 깨끗하다.

    c. 승완은 매일 허리가 아프다고 말한다.

    d. 예지는 잔소리를 싫어한다.

Section IV - Dictation

대화를 잘 듣고 밑줄 친 부분에 알맞은 말을 쓰세요. 대화는 두 번 들려 드립니다.

Listen carefully and fill in the blanks. The dialogue will be played twice.

보람: 이게 다 뭐예요? 이사 가니까 다 버리려고요?

두루: 네.

보람: 하나도 14. _____ 다요? 아깝다. 만에 하나 나중에 다시 필요하면

　　　15. _____ ?

두루: 필요 없을 것 같아요. 필요하면 다시 16. _____ .

Section V - Speaking Practice

Section IV의 대화를 한두 문장씩 들려 드리고, 긴 문장은 나누어서 들려 드립니다.
잘 듣고 따라 하세요. 전체 대화문은 Answer Key에서 확인할 수 있습니다.

A native speaker will read the dialogue from Section IV one or two sentences at a time. If a sentence
is too long, it may be split into two or three parts. Listen and repeat after each part. You can check
out the complete dialogue in the Answer Key at the back of the book.

Vocabulary

다행히	fortunately	완성	completion	매일매일	every day	더럽다	to be dirty
매트	mat	차근차근	in a calm and orderly way	-씩	each, respectively	정리	organization
태블릿 PC	tablet PC	그다음	next, following	억지로	forcefully	잔소리하다	to nag
저런	such	완성하다	to complete	그나저나	by the way	어휴	phew
긋다	to draw, to rule	노하우	know-how	책상	desk	잔소리	nitpicking
작품	work (of art)						

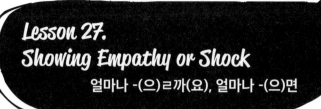

Section I - Complete the Dialogue

A와 B에서 각각 알맞은 표현을 골라 대화를 완성하세요. 각 표현은 한 번씩 사용됩니다.

Complete the dialogues by choosing the appropriate expression from A and B. Each expression is used only once.

A	B
• 얼마나 피곤했으면	• 얼마나 추우셨을까
• 얼마나 공부를 열심히 했으면	• 얼마나 고생했을까
• 얼마나 맛있었으면	• 얼마나 좋을까
• 얼마나 노래 연습을 많이 했으면	• 얼마나 기쁠까
• 얼마나 잘했으면	• 얼마나 배부를까
• 얼마나 집중하셨으면	• 얼마나 인기가 많았을까

1. 다혜: 연우가 TTMIK 대학교에 합격했대!

   보람: 와, 정말? 진짜 부럽다. ＿＿＿＿＿＿＿＿＿＿＿＿ 그렇게 좋은 대학교에

   합격했을까?

   다혜: 연우 진짜 열심히 했거든. 지금 ＿＿＿＿＿＿＿＿＿＿＿＿?

2. 소연: 소희 씨, 친구들이 깜짝 생일 파티 해 줬다면서요?

   소희: 네, 너무 감동 받았어요. 그걸 준비하느라고 ＿＿＿＿＿＿＿＿＿＿＿＿

   생각하니까 너무 고마워서 눈물 나더라고요.

   소연: 소희 씨가 평소에 친구들한테 ＿＿＿＿＿＿＿＿＿＿＿＿ 그렇게 해 줬겠어요.

3. 경은: 은정 씨가 오늘 공연을 위해서 노래 연습을 정말 많이 했대요.

   경화: ＿＿＿＿＿＿＿＿＿＿＿＿ 저렇게 노래를 잘할까요?

   경은: 어렸을 때부터 잘했대요. 학생 때는 노래 잘하면 인기 많은데, 은정 씨도 ＿＿＿＿＿＿＿

   ＿＿＿＿＿＿＿＿＿＿＿＿?

4. 희주: 지나야! 지나야? 자는 거야? 일어나서 밥 먹어.

　　도윤: 그냥 자게 두세요. ~~~~~~~~~~~~~~~~~~~~~~~~~~ 저녁도 안 먹고 자겠어요?

　　희주: 방금 누운 것 같은데, 벌써 잠들었네. 나도 이렇게 눕자마자 잠들 수 있으면 ~~~~~~~~~~
　　　　　~~~~~~~~~~~~~~~ ?

5. 석진: 준배야, 너 혼자 케이크 다 먹었어? 사람들이랑 나눠 먹어야지!

　　연우: 너무 화내지 마세요. ~~~~~~~~~~~~~~~~~~~~~~~ 혼자 다 먹었겠어요?

　　석진: 진짜 큰 케이크였는데, 혼자 그걸 다 먹었다니 ~~~~~~~~~~~~~~~~~~~~~~~~~~~~ ?

6. 두루: 소희 씨, 저 밖에서 소희 씨 기다리고 있었는데, 왜 안 나오세요?

　　소희: 네? 저 기다리셨어요?

　　두루: 네. 전화도 했는데 못 들으셨나 봐요. ~~~~~~~~~~~~~~~~~~~~~~~~~~ …

　　소희: 앗! 일하느라고 못 들었나 봐요. 밖에서 ~~~~~~~~~~~~~~~~~~~~~~~ ! 정말 죄송해요.

Section II - Reading Comprehension

다음은 기사 제목들입니다. 잘 읽고 문제를 풀어 보세요.

The following is a series of news headlines. Read each carefully and answer the questions.

TTMIK TIMES

Headlines

배우 이소연, 촬영이 얼마나 힘들었으면... 피곤이 쌓여서 병원에 입원까지 했다

📰 Read More

50년 동안 헤어져서 산 엄마와 딸, 얼마나 보고 싶었을까... "다시는 헤어지지 않을 거예요."

📰 Read More

축구 선수 유승완, 운동을 얼마나 열심히 했으면 ~~~~~~~~~ ㉠ ~~~~~~~~~ ?

📰 Read More

"얼마나 한국인이 여행을 많이 오면ⓛ..." 베트남 호텔에 한국어 안내문만 300개

📰 Read More

밥 먹다가 잠자는 아기 동영상, SNS에서 유행... "얼마나 졸렸으면"

📰 Read More

7. Choose the most appropriate expression for the blank ㉠.

    a. 얼마나 근육*이 많으면   *b.* 저렇게 근육이 많으면

    c. 저렇게 근육이 많을까   *d.* 얼마나 근육이 많을까

8. Choose the expression that is highly likely omitted in the ellipsis ⓛ.

    a. 베트남 사람이 없을까   *b.* 한국어 안내문이 이렇게 많을까

    c. 한국인 직원이 있을까   *d.* 베트남어 안내문이 이렇게 없을까

Section III - Listening Comprehension

대화를 잘 듣고 문제를 풀어 보세요.

Listen to the dialogue and answer the following questions.

                                                          * 감동적 = *touching*

9. Choose the correct statement about the man according to the dialogue.

    a. 평소에 영화를 보면서 많이 운다.   *b.* 어제 영화를 봤다.

    c. 전쟁 때문에 엄마랑 헤어졌다.   *d.* 슬픈 영화를 보면 하루 종일 슬퍼하는 편이다.

10. Choose the correct statement about the woman according to the dialogue.

    a. 엄마랑 친하다.

    b. 남자랑 어제 영화를 봤다.

    c. 슬픈 상상만 해도 눈물이 나는 편이다.

    d. 영화를 보고 나오면서 영화에 대해 잊어버리는 편이다.

Section IV - Dictation

대화를 잘 듣고 밑줄 친 부분에 알맞은 말을 쓰세요. 대화는 두 번 들려 드립니다.

Listen carefully and fill in the blanks. The dialogue will be played twice.

현우: 석진 씨 결국 박사 과정 그만뒀대요.

경은: 정말요? 한 학기 남았는데... 11. _____ 그만뒀을까...

현우: 일하면서 공부하기 쉽지 않죠.

경은: 박사 과정 합격하고 정말 좋아했는데... 석진 씨가 12. _____ 생각
하니 마음이 아프네요.

Section V - Speaking Practice

Section IV의 대화를 한두 문장씩 들려 드리고, 긴 문장은 나누어서 들려 드립니다.
잘 듣고 따라 하세요. 전체 대화문은 Answer Key에서 확인할 수 있습니다.

A native speaker will read the dialogue from Section IV one or two sentences at a time. If a sentence is too long, it may be split into two or three parts. Listen and repeat after each part. You can check out the complete dialogue in the Answer Key at the back of the book.

Vocabulary

깜짝	surprise	베트남	Vietnam	SNS	Konglish word for social media	감동적	touching
감동	touching	안내문	sign, notice			생각나다	to come to mind, to occur to
나누다	to share	잠자다	to sleep	근육	muscle		
촬영	filming	아기	baby	전쟁	war	종일	all day
딸	daughter			상상	imagination	박사	doctor's degree

Lesson 28.
싶다 Used to Mean "To think" or "To wonder"
-(으)ㄴ/는가 싶다, -나 싶다, -(으)ㄹ까 싶다

Section I - Complete the Sentence

주어진 표현을 사용해서 문장을 완성하세요.

Complete the sentences using the given expression.

1. -(으)ㄹ까 싶다

   진짜 이게 다 ～～～～～～～～～～～～～～～～～～～～～～～～～

   = I am not sure if all of this will be really necessary.

2. -나 싶다

   어딘가에서 공사를 하고 있지 ～～～～～～～～～～～～～～～～～～～～

   = I guess they are doing construction somewhere.

3. -나 싶다

   이게 다 무슨 의미가 ～～～～～～～～～～～～～～～～～～～～～～～

   = I do not know what this all means.

4. -(으)ㄴ/는가 싶다

   둘이 같이 일하는 ～～～～～～～～～～～～～～～～～～～～～～～～～

   = I was wondering if they work together.

5. -(으)ㄴ/는가 싶다

   옆집 사람들한테도 말해 줘야 하는 거 ～～～～～～～～～～～～～～～

   = I think we need to tell our next-door neighbors too.

6. -(으)ㄴ/는가 싶다

   제 생각이 틀린 ～～～～～～～～～～～～～～～～～～～～～～～～～～

   = I feel like I might be wrong.

7. -(으)ㄹ까 싶다

   정말로 다 할 수 ～～～～～～～～～～～～～～～～～～～～～～～～～

   = I am not sure if we can really do all of this.

다음 인터뷰 기사를 잘 읽고 문제를 풀어 보세요.

Read the following interview article and answer the questions.

"이번 영화를 보시고 처음 보는 제 모습에 ⎯⎯⎯⎯⎯⎯⎯⎯⎯⎯⎯⎯⎯⎯⎯⎯⎯⎯."

배우 김희주(30)가 영화 '아름다운 세상'으로 돌아왔다.

김희주는 이 영화에서 한국에서 가장 유명한 배우, 최경은 역할을 맡았다.

"제 실제 성격이 가장 많이 드러난 영화가 ⎯⎯⎯⎯⎯ ⓛ ⎯⎯⎯⎯⎯. 영화 속 경은이가 저랑 정말 비슷하거든요. 경은이가 TV 속 자신의 모습과 실제 자신의 모습이 달라서 고민을 하는데, 저도 똑같아요. TV에서는 밝고, 말도 많아 보이지만, 평소에는 잘 웃지도 않고, 조용한 편이에요. 그래서 '사람들이 진짜 나의 모습을 알게 되어도 이렇게 좋아해 주실까?' 그런 생각을 많이 해요."

그러던 중 이 작품을 만났다. "근데 이 작품을 찍으면서 생각이 많이 바뀌었어요. TV 속 모습과 실제 제 모습이 달라도 괜찮다는 생각을 하게 됐죠. 사실 모든 사람들이 하나의 모습으로만 살아가는 건 아니잖아요. 다른 사람들 앞에서의 모습과 혼자 있을 때의 모습이 같은 사람이 있기는 할까요?"

김희주는 데뷔 후 10년 동안 무려 스무 작품을 찍었다. "다음 작품은 좀 시간을 두고 정하고, 일단은 좀 쉬어야 하지 않을까 싶어요. 지난 10년 동안 쉬는 날이 거의 없었거든요. 좀 쉬면서 못 해 봤던 일들을 해 보고 싶어요. 조금 휴식 시간을 가진 후에 더 좋은 모습으로 찾아 뵙겠습니다."

석다혜 기자 dahye***@ttmik.com

* Vocabulary
살아가다 = *to live*   무려 = *as many/much as*   휴식 = *rest, break*

---

8. Choose the phrase that best fits in the blank ㉠.

　　a. 놀랐나 싶어요　　　　　　b. 놀랐지 않았나 싶어요

　　c. 놀랄까 싶어요　　　　　　d. 놀라시지 않을까 싶어요

9. Choose the phrase that does not fit in the blank ㉡.

　　a. 아닐까 싶어요　　　　　　b. 아닌가 싶어요

　　c. 되지 않을까 싶어요　　　　d. 아니지 않을까 싶어요

10. Choose what you can find out about 김희주.

　　a. 김희주는 영화 속 주인공과 비슷한 점이 많다.

　　b. 김희주는 이번 작품을 마지막으로 영화를 찍지 않을 것이다.

　　c. 김희주는 한국에서 가장 유명한 배우다.

　　d. 김희주는 혼자 있을 때 가장 밝다.

Section III - Listening Comprehension

대화를 잘 듣고 문제를 풀어 보세요.

Listen to the dialogue and answer the following questions.

* 편 = counter for movies
* 아쉽다 = to feel bad, to be a shame

11. Choose the reason why the woman wants to watch the movie again.

　　a. 좋아하는 배우가 나와서

　　b. 주인공들이 연기를 잘해서

　　c. 작은 영화관에서 본 게 아쉬워서

　　d. 남자랑 영화를 보고 싶어서

12. Choose the correct statement(s) according to the dialogue.

　　a. 남자는 지난 주말에 영화를 봤다.

　　b. 남자가 좋아하는 배우가 영화에 나온다.

　　c. 여자는 영화를 본 다음에 소설을 읽었다.

　　d. 남자와 여자는 이번 주말에 영화를 같이 볼 것이다.

Section IV - Dictation

대화를 잘 듣고 밑줄 친 부분에 알맞은 말을 쓰세요. 대화는 두 번 들려 드립니다.

Listen carefully and fill in the blanks. The dialogue will be played twice.

다혜: 지나 씨 왔어요?

준배: 아직요. 6시 넘어서 13. _____ 싶어요.

다혜: 지나 씨랑 같이 이야기하는 게 14. _____ 싶은데... 그럼 내일 지나 씨 있을 때 다시 이야기할까요?

준배: 좋아요. 그럼 내일 다시 이야기해요.

Section V - Speaking Practice

Section IV의 대화를 한두 문장씩 들려 드리고, 긴 문장은 나누어서 들려 드립니다. 잘 듣고 따라 하세요. 전체 대화문은 Answer Key에서 확인할 수 있습니다.

A native speaker will read the dialogue from Section IV one or two sentences at a time. If a sentence is too long, it may be split into two or three parts. Listen and repeat after each part. You can check out the complete dialogue in the Answer Key at the back of the book.

Vocabulary

모습	figure	속	the inside	데뷔	debut	편	counter for movies
역할	role	작품	work (of art)	무려	as many/much as	짧다	to be short
맡다	to take on	바뀌다	to change, to be changed	휴식	rest, break	아쉽다	to feel bad, to be a shame
실제	reality, truth			-짜리	value, amount		
		살아가다	to live				

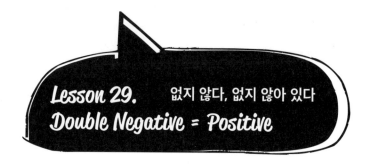

Lesson 29.
Double Negative = Positive
없지 않다, 없지 않아 있다

Section I - Context Comprehension

밑줄 친 부분에서 '좀' 대신 '없지 않아 있다'를 사용해서 바꾸어 써 보세요.

Rewrite the underlined part of the dialogue by replacing 좀 with 없지 않아 있다.

1. 지나: 희주야, 내가 지난주에 너한테 말실수한 거 있잖아. 기분 나빴지? 미안해.

   희주: <u>좀 늦은 감이 있지만</u> 난 착하니까 용서해 줄게.

   ➜ _____

2. 경화: 저희 제품 써 보시니까 어떠세요?

   현우: <u>마음에 안 드는 부분도 좀 있지만</u>, 그래도 이 가격에 이 정도면 만족해요!

   ➜ _____

3. 예지: 소희 씨, 그 선풍기 새로 산 거죠? 어때요? 좋아요?

   소희: 음... 가벼워서 좋은데 아무래도 <u>약한 느낌이 좀 있어요.</u>

   ➜ _____

4. 윤하: 승완 씨는 참 다정한* 것 같아요. 제가 배 아프다고 했더니 약을 사다 줬어요.

   하은: 맞아요. 승완 씨가 <u>다정한 면이 좀 있죠.</u>

   ➜ _____

   * 다정하다 = to be kind, to be sweet

5. 다혜: 이 메뉴를 시킨 사람이 많네요?

   은정: 그러게요. 한 명이 시키면 <u>다들 따라 하는 경향이 좀 있는 것 같아요.</u>

   ➜ _____

6. 은경: 어떻게 이럴 수가 있죠? 제가 제 핸드폰 비밀번호를 잊어버렸어요.

   도윤: 충분히 있을 수 있는 일이에요. 제가 핸드폰 가게를 하는데, 비밀번호 잊어버렸다고

          <u>찾아오시는 경우가 좀 있어요.</u>

   ➜ _____

Section II - Reading Comprehension

Section I의 대화문들을 잘 읽고 문제를 풀어 보세요.

Read the dialogues from Section I carefully and answer the questions.

7. Write the name of the person who had a stomachache.

   Answer: ~~~~~~~~~~~~~~~~~~~~~~

8. Which person would say this?

   > "좀 더 튼튼하면 좋을 것 같아요."

   a. 소희   b. 다혜   c. 은경   d. 희주

9. Which relationship appears most likely to be casual? Write the two people's names.

   Answer: ~~~~~~~~~~~~~~~~~~~~~~

10. Choose the incorrect statement about 현우.

    a. 제품의 가격이 비싸지 않다고 생각한다.   b. 제품의 모든 면이 마음에 들지는 않는다.

    c. 경화가 다니는 회사의 제품을 써 봤다.   d. 제품에 대한 불만이 없다.

11. Choose the correct statement about 도윤.

    a. 핸드폰 비밀번호를 잊어버리는 경우가 없지 않다고 생각한다.

    b. 핸드폰을 잃어버리는 사람들이 없지 않다고 생각한다.

    c. 핸드폰 가게에 와서 핸드폰 비밀번호를 물어보면 안 된다고 생각한다.

    d. 핸드폰 가게에 와서 잃어버린 핸드폰을 찾으려고 하면 안 된다고 생각한다.

Section III - Listening Comprehension

다음 대화를 잘 듣고, 문제를 풀어 보세요.

Listen to the dialogue and answer the following questions.

* 적응 = *adaptation*
* 기업 = *corporation*
* 보고하다 = *to report*

12. Choose what the man will probably talk about next.

    a. 작은 기업의 좋은 점
    b. 대기업의 좋은 점

    c. 일 처리 속도가 느린 것의 좋은 점
    d. 일 처리 속도가 빠른 것의 좋은 점

13. Choose the incorrect statement about the man.

    a. 작은 회사에서 일하다가 큰 회사로 옮겼다.

    b. 지금 다니고 있는 회사에 완전히 적응했다.

    c. 회사 일을 보고해야 하는 사람이 많다.

    d. 지금 회사에서 답답함을 느끼고 있다.

Section IV - Dictation

대화를 잘 듣고 밑줄 친 부분에 알맞은 말을 쓰세요. 대화는 두 번 들려 드립니다.

Listen carefully and fill in the blanks. The dialogue will be played twice.

경화: 이 디자인이 좋기는 한데, 좀 평범한 느낌이 14. ＿＿＿＿＿＿＿＿＿＿＿＿＿＿.

석진: 음… 그래요?

경화: 여기에 그림을 하나 넣는 건 어떨까요?

석진: 여기에 그림이 들어가면 책 제목이 눈에 잘 안 띌 거예요.

경화: 아, 15. ＿＿＿＿＿＿＿＿＿＿＿＿＿＿ 있겠네요.

Section V - Speaking Practice

Section IV의 대화를 한두 문장씩 들려 드리고, 긴 문장은 나누어서 들려 드립니다.
잘 듣고 따라 하세요. 전체 대화문은 Answer Key에서 확인할 수 있습니다.

A native speaker will read the dialogue from Section IV one or two sentences at a time. If a sentence is too long, it may be split into two or three parts. Listen and repeat after each part. You can check out the complete dialogue in the Answer Key at the back of the book.

Vocabulary

말실수하다	to accidentally say something inappropriate	다정하다	to be kind, to be sweet	완전히	completely	기업	corporation
		그러게	right, I know	생활	life, living	보고하다	to report
만족하다	to be satisfied			적응	adaptation	평범하다	to be ordinary
		비밀번호	password			제목	title

Section I - Fill in the Blank

A와 B에서 각각 알맞은 표현을 골라 기사 제목을 완성하세요. A 상자의 표현은 한 번씩 사용됩니다.

Complete the news headlines by choosing the appropriate expression from A and B. Each expression from box A is used only once.

A	B
• 촬영하다	• -기 마련입니다
• 날씨가 춥다	• -아/어/여야겠어요
• 마을까지 내려오다	• -았/었/였나 싶어
• 연습을 많이 하다	• 얼마나 -았/었/였으면
• 진실이 드러나다	• -아/어/여서 그런지
• 간절하다	

TTMIK TIMES

사회

1. ～～～～～～～～～～～～～～ 크리스마스인데도 거리에

사람 없어

📰 Read More

강두루, "동물들이 얼마나 배고팠으면 2. ～～～～～～～～～～

마음 아파"

📰 Read More

국회의원 선현우 법원 앞에서, "언젠가는 3. ~~~~~~~~~~~~~~~~~~~~~~~~
~~~~~~"

📰 Read More

연예*

배우 김예림, "오랜만에 4. ~~~~~~~~~~~~~~~~~~~~~~~~~~~~~~~~~~~
배우들과 조금 어색해"

📰 Read More

MC 유승완 "생방송은 보나 마나 엄청 떨릴 테니까 5. ~~~~~~~~~~~~~~~~~
~~~~~~~~~~~~~~~~~~~~~~~~~~~"

📰 Read More

감독 유동근, "배우들이 6. ~~~~~~~~~~~~~~~~~~~~~~~~~~~~~~~~~ 힘들다는
말 한 번을 안 했나 싶어"

📰 Read More

* 연예 = entertainment

Section II - Reading Comprehension

다음 글을 읽고 문제를 풀어 보세요.

Read the following and answer the questions.

영어 공부를 365일 24시간 언제 어디서나!

모든 것은 안 쓰면 금방 잊어버리기 마련이죠.
특히 외국어는 배우기는 어려운데, 잊기는 쉬워요.
바로 그래서 매일매일 연습하는 게 가장 중요합니다!

Hyunwoo's English 앱으로 영어를 <mark>쉽고 재미있게</mark> <u>매일매일</u> 공부해 보세요!

Hyunwoo's English 앱에는 1,000개가 넘는 강의가 있습니다!
(모든 강의는 문법과 단어를 다룹니다.)

그 많은 걸 언제 다 공부하나 싶다고요?
그런 분들을 위해 준비했습니다.
하루도 빠지지 않고 매일 공부하시는 분들 중 열 분을 뽑아
Hyunwoo's English 책을 드립니다.
Hyunwoo's English와 함께 매일매일 공부하는 습관을 길러 보세요.

Kyunghwa1***

Hyunwoo's English 앱을 1년 동안 쓰면서 영어 실력이 정말 많이 늘었어요.
앞으로도 Hyunwoo's English 앱으로 꾸준히 _____ ㉠ _____

Dahye6***

영어 공부를 열심히 해서 미국 여행을 가는 게 꿈이었어요. 그런데 아무리 공부해도 잘 늘지 않더라고요. 이렇게 공부해서 언제 미국에 가나 싶었는데, Hyunwoo's English 앱을 사용한 뒤에 영어 실력이 확 늘어서 미국에 잘 다녀올 수 있었습니다.

Vocabulary
강의 = *lesson*
다루다 = *to handle, to carry*
확 = *completely*

7. Choose the word that best fits in the blank ㉠.

    a. 공부해야겠어요   *b.* 공부했어요

    c. 공부하고 있어요   *d.* 공부 중이에요

8. Choose what you can find out from the ad.

    a. Hyunwoo's English 앱은 무료다.

    b. Hyunwoo's English 앱은 초보자용 앱이다.

    c. Dahye6***은 Hyunwoo's English 앱 덕분에 미국에 갈 수 있었다.

    d. Kyunghwa1***은 1년 동안 매일매일 Hyunwoo's English 앱을 사용했다.

Section III - Listening Comprehension

대화를 잘 듣고 문제를 풀어 보세요.

Listen to the dialogue and answer the following questions.

* 본인 = oneself

9. Who has seen Eunjeong's play the most times?

    a. 현우   *b.* 다혜   •   *c.* 경화

10. Choose what you can find out about Eunjeong according to the dialogue.

    a. 은정은 경화에게 연기를 배웠다.

    b. 은정은 지금 공연 연습을 하고 있다.

    c. 은정과 남자 주인공은 친한 친구 사이이다.

    d. 은정은 공연에서 실수한 것 때문에 속상해 하고 있다.

Section IV - Dictation

대화를 잘 듣고 밑줄 친 부분에 알맞은 말을 쓰세요. 대화는 두 번 들려 드립니다.

Listen carefully and fill in the blanks. The dialogue will be played twice.

동근: 낮잠을 11. _____ 잠이 안 오네요.

경은: 낮잠 자면 밤에 잠 안 온다고, 제가 낮잠 자지 말라고 했잖아요.

동근: 경은 씨 말 들을걸. 잠이 올 때까지 텔레비전 12. _____

경은: 텔레비전 보면 잠이 더 안 올걸요? 차라리 책을 읽는 건 어때요?

동근: 13. _____ 말만 들어도 벌써 졸리네요.

Section V - Speaking Practice

Section IV의 대화를 한두 문장씩 들려 드리고, 긴 문장은 나누어서 들려 드립니다.
잘 듣고 따라 하세요. 전체 대화문은 Answer Key에서 확인할 수 있습니다.

A native speaker will read the dialogue from Section IV one or two sentences at a time. If a sentence is too long, it may be split into two or three parts. Listen and repeat after each part. You can check out the complete dialogue in the Answer Key at the back of the book.

Vocabulary

촬영하다	to shoot, to film	특히	especially	습관	habit	본인	oneself
내려오다	to come down	매일매일	every day	꾸준히	steadily	완벽하다	to be perfect
크리스마스	Christmas	강의	lesson	확	completely	아무튼	anyway
연예	entertainment	다루다	to handle, to carry	연기	acting	낮잠	nap
감독	director	뽑다	to select, to choose	-(이)나	particle that emphasizes one's surprise about a certain quantity or degree		
어디서나	everywhere	함께	together				

Answer Key
for
TTMIK
Workbook
Level 10

Lesson 1

Section I - Comprehension

1. c   2. c   3. b   4. a
5. d   6. a   7. d

Section II - Reading Comprehension

<Translation>

TTMIK Times
"Shameless people, please stop it!"

Top 5 Nuisances on the Subway

1. Talking loudly on the phone (58%)
2. Eating smelly foods (18%)
3. Sitting with one's legs spread (12%)
4. Carrying a big bag on one's back (7%)
5. Cutting in line (5%)

OO city asked 100 men and women from their teens to 60s if they had any unpleasant experiences on the subway. As a result, 88% people said "Yes", 10% said "No", and 2% said "I don't remember." Then they asked the people who said "Yes" what the most unpleasant behavior was, and the largest number of people ranked "talking loudly on the phone" as the 1st.

8. a   9. d   10. b, c

Section III - Listening Comprehension

<Transcript>

여자: 야, 뭐 하는 거야?

남자: 뭐? 왜?

여자: 서 있을 때는 가방을 앞으로 메. 사람들이 부딪혀서 불편할 거야.

남자: 그게 뭐가 불편해? 조심하면 되지.

여자: 사람이 많으면 불편해. 앞으로 메기 싫으면 선반 위에 둬.

남자: 귀찮은데... 우리 금방 내릴 거잖아.

여자: 어려운 일도 아니잖아. 그건 매너야. 어제 어떤 기사를 봤는데 큰 가방 뒤로 메는 게 지하철 민폐 행동 4위래.

남자: 휴, 알았어.

Woman: Hey, what are you doing?

Man: What? Why?

Woman: Carry the backpack on your chest when you're standing. People could get hit by you and be uncomfortable.

Man: Why is that uncomfortable? It's okay if I'm being careful.

Woman: It's uncomfortable when it's crowded. If you don't want to carry it on your chest, put it on the shelf.

Man: Oh, come on. We're getting off soon.

Woman: It's not a difficult thing to do, huh? It's etiquette. I saw an article yesterday that was saying that people who carry a big bag on their back were ranked the 4th biggest nuisance on the subway.

Man: Phew, all right.

11. a   12. c   13. c

Section IV - Dictation

14. 걱정스러운 얼굴을
15. 얼굴에 다 쓰여 있는데요

Section V - Speaking Practice

지나: 두루 씨, 왜 그렇게 걱정스러운 얼굴을 하고 있어요?
    [두루씨, 왜 그러케 걱쩡스러운 얼구를 하고 이써요?]
    무슨 일 있어요?
    [무슨닐 이써요?]

두루: 아니요. 아무 일도 없어요.
    [아니요. 아무일도 업써요.]

지나: 무슨 일 있다고 얼굴에 다 쓰여 있는데요?
    [무슨닐 읻따고 얼구레 다 쓰여인는데요?]

두루: 사실 미국에 있는 가족들이 걱정돼서요.
    [사실 미구게 인는 가족뜨리 걱쩡돼서요.]
    오랫동안 미국에 못 갔잖아요.
    [오랟똥안 미구게 몯깓짜나요.]

지나: 다들 잘 계실 거예요. 너무 걱정하지 마세요.

　　　[다들 잘 계실꺼예요. 너무 걱쩡하지 마세요.]

Jina: Duru, why are you looking so worried? What's wrong?

Duru: It's nothing.

Jina: It's written all over your face that something's wrong.

Duru: Actually, I'm worried about my family in the States. I haven't been able to go to the States for a long time, as you know.

Jina: I'm sure they're doing well. Don't worry too much.

Lesson 2

Section I - Complete the Dialogue

1. 밥 먹으러 가는데

2. 자러 갈게요 (자러 갈래요 is also possible.)

3. 운동하러 다니고 있어요

4. 마시러 갈래요

5. 배우러 다니는데 (배우러 다니고 있는데 is also possible.)

6. 옷 사러 갔다 왔어요

7. 가지러 다시 왔어요

8. 놀러 오세요

Section II - Reading Comprehension

<Translation>

_____On a messaging app_____

Me: Guys, what are you going to do this upcoming Lunar New Year holiday?

　　Do you want to go on a trip?

Joonbae: I can't go. :'-(

　　　　I'm planning to go see my mom and dad.

Me: Oh, right.

　　Then what are you going to do, Dahye?

Dahye: I'm also going to my parents' house, of course. XD

How about you?

Me: Oh, you guys are all going to meet your family.

　　I'm not sure about my plan.

　　What do you think I should do?

Dahye: Do you want to come over to my house?

　　　　My mom is so open-handed that she makes a lot of food.

　　　　I think it's gonna be fun if we help my mom make the food.

Me: Is that really okay?

　　I'd love to, of course!

_____In a diary _____

Last week was Lunar New Year's Day. All my Korean friends said that they were going to meet their family, so I was almost going to spend time alone, but luckily, Dahye invited me to her house. Korean people eat tteokguk on Lunar New Year's Day, and I tried making it for the first time at Dahye's house. Dahye and I made tteokguk while her mother was making other food. It was very simple and easy to make, but the taste was really good.

Also, Korean people bow to adults who are older than them and receive money from them on Lunar New Year's Day. The bow is called sebae, and the money is called sebaetdon. I also bowed to Dahye's parents and received money. I ate delicious food and received money. I really like the Korean culture of Lunar New Year's Day. I really spent this Lunar New Year's Day not feeling lonely and warm thanks to Dahye's family.

9. a

10. 떡국, 세배 ("떡국을 먹는 것, 세배를 하고 세뱃돈을 받는 것" is also possible.)

11. c

Section III - Listening Comprehension

<Transcript>

에밀리: 안녕하세요. 저는 에밀리라고 해요.

다니: 안녕하세요, 전 다니예요. 반가워요. 에밀리 씨는
　　　오늘 처음 오셨죠?

에밀리: 네, 처음이에요. 여기 사람 정말 많네요.

다니: 네, 갈수록 모임이 인기가 많아지고 있어요. 에밀
　　　리 씨는 한국에서 여행 중이세요?

에밀리: 아니요. 저는 한국 영화를 좋아하는데, 자막 없
　　　이 영화를 보고 싶더라고요. 그래서 한국어 배
　　　우러 왔어요.

다니: 이미 잘하시는데요?

에밀리: 아니에요. 다니 씨는 어떻게 한국에 오게 되
　　　셨어요?

다니: 저는 필리핀에 있을 때 친한 친구가 한국인이었
　　　는데 너무 웃겼어요. 그래서 한국 사람들을 많이
　　　만나 보고 싶더라고요. 오늘도 친구 사귀러 이렇
　　　게 왔어요.

현우: 자, 여러분! 잠깐 조용히 해 주세요. 지금부터 파
　　　트너를 뽑을게요. 파트너랑 만나서 영어로 30분,
　　　한국어로 30분, 이렇게 이야기하면 됩니다. 그럼
　　　시작할까요?

Emily: Hello, I'm Emily.

Dani: Hello, I'm Dani. Glad to meet you. You've
　　　come here for the first time today, haven't
　　　you?

Emily: Yes, it's my first time. There are a lot of
　　　people here.

Dani: Yes, the meetup is getting more and more
　　　popular. Are you traveling in Korea?

Emily: No. I love Korean movies, and I wanted to
　　　watch them without subtitles. So, I came to
　　　learn Korean.

Dani: You're already good!

Emily: No. What brought you here to Korea?

Dani: When I was in the Philippines, I had a close
　　　Korean friend. He was really funny, which
　　　made me want to meet more Koreans. Today
　　　as well, I came here to make friends.

Hyunwoo: Okay, everyone! Please be quiet for a
　　　moment. We're going to pick partners
　　　now. You can meet your partner and talk
　　　in English for 30 minutes and in Korean

for 30 minutes. Then shall we start?

12. a　　　13. d　　　14. b　　　15. d

Section IV - Dictation

16. 쇼핑하러　　　17. 집에 놀러　　　18. 집에 놀러

Section V - Speaking Practice

승완: 소희 씨, 내일 뭐 해요? 쇼핑하러 갈래요?
　　　[소히씨, 내일 뭐해요? 쑈핑하러 갈래요?]

소희: 내일은 어려울 것 같아요. 현우 씨 집에 놀러 가거든요.
　　　[내이른 어려울껃 가타요. 혀누씨 지베 놀러가거든뇨*.]

승완: 진짜요? 현우 씨가 집에 초대했어요?
　　　[진짜요? 혀누씨가 지베 초대해써요?]

소희: 네. 현우 씨가 집에 놀러 오라고 했어요.
　　　[네. 혀누씨가 지베 놀러오라고 해써요.]

승완: 우와, 좋겠네요! 잘 다녀오세요.
　　　[우와, 조켇네요! 잘 다녀오세요.]

* 거든요 is supposed to be pronounced as [거드뇨] in
　theory, but most people pronounce it as [거든뇨].

Seung-wan: Sohee, what are you doing tomorrow?
　　　Do you want to go shopping?

Sohee: I don't think I can tomorrow because I'm go-
　　　ing to hang out at Hyunwoo's house.

Seung-wan: Really? Did Hyunwoo invite you over?

Sohee: Yes. He told me to come hang out at his
　　　house.

Seung-wan: Wow, sounds fun! Have a good time!

Lesson 3

Section I - Comprehension

1. c　　　2. a　　　3. c　　　4. b　　　5. a
6. b　　　7. a　　　8. c　　　9. c　　　10. b

Section II - Reading Comprehension

<Translation>

Title: I'd like to get a refund.

I bought clothes on sale last week.

I've shopped online many times, but I've never had such an experience.

The dress looks totally different from the picture.

The color is different, and the size is too small.

Also, it's supposed to be new clothes, but the condition is so bad.

Did you send me clothes that someone had put on before?

I know it's an inexpensive dress, but still, this is too much.

I'd like you to give me a refund as soon as possible.

└ Re: Dear iwantarefund customer, we're very sorry for the inconvenience.

It seems that you've received the wrong item due to our mistake.

Since you bought it on sale, it's not refundable. Please understand.

When we send you a new item again, we will send you a 30% discount coupon.

We're sorry again.

11. c   12. d

Section III - Listening Comprehension

<Transcript>

여자: 요즘 직장 구하기 쉽지 않죠?

남자: 네. 아무리 어렵다지만, 이 정도일 줄은 몰랐어요.

여자: 저희 동생도 서른 살인데, 집에서 놀고 있어요.

남자: 걱정되시겠어요.

여자: 네, 걱정돼요. 그런데 제 동생은 직장을 못 구하는 게 아니고, 일할 생각이 없어 보여요.

남자: 요즘은 나이를 먹어도 일할 생각을 안 하고 집에만 있는 사람들이 많다고 하더라고요.

여자: 맞아요. 동생을 보고 있으면, 아무리 가족이라지만 이해가 안 돼요.

남자: 너무 걱정 마세요. 곧 직장 구하겠죠.

Woman: It's hard to find a job these days, right?

Man: Yes. I knew it was hard, but I didn't expect this much.

Woman: It's the same for my younger sister too. She's 30 years old, but she's hanging around the house.

Man: You must be worried.

Woman: Yes, I'm worried. Actually it is not that my sister finds it hard to find a job. She doesn't seem to feel like working.

Man: I heard that these days there are a lot of people who don't think about getting a job and just stay at home even though they are old enough.

Woman: That's right. When I look at my sister, I know she is my family, but I can't understand her.

Man: Don't worry too much. She'll surely find a job soon.

13. d   14. b

Section IV - Dictation

15. 아무리 유명한 집이라지만

16. 아무리 그렇다지만

Section V - Speaking Practice

현우: 희주 씨, 회사 옆에 우동집 있잖아요.

[히주씨, 회사 여페 우동찝 읻짜나요.]

거기 진짜 유명한 데래요.

[거기 진짜 유명한데래요.]

준배 씨가 어제 점심 먹으러 갔는데

[준배씨가 어제 점심 머그러 간는데

한 시간 기다렸대요.

[한시간 기다렫때요.]

희주: 네? 한 시간요?

[네? 한시간뇨?]

아무리 유명한 집이라지만

[아무리 유명한 지비라지만

그렇게 오래 기다려야 된다고요?

[그러케 오래 기다려야된다고요?]

현우: 두 시간 기다렸다는 사람도 있어요.

[두시간 기다렫따는 사람도 이써요.]

근데 그 집 우동 진짜 맛있대요.

[근데 그집 우동 진짜 마싣때요.]

희주: 아무리 그렇다지만 우동 하나 먹기 위해서

[아무리 그러타지만 우동하나 먹끼 위해서]

몇 시간을 기다려야 하는 건 좀 심하네요.

[멷씨가늘 기다려야하는건 좀 심하네요.]

Hyunwoo: Heeju, you know, there's an udon place next to our office. I heard that it's a very famous place. Joonbae said that he went there for lunch yesterday, and he waited for an hour.

Heeju: What? One hour? I know it's a famous place, but you need to wait for that long?

Hyunwoo: There's also someone who said that they waited for two hours. People say that the udon there is really good though.

Heeju: However good it may be though, having to wait hours for a bowl of udon is a little too much.

Lesson 4

Section I - Comprehension

1. 라면이나 먹자
2. 라면이라도 먹자
3. 산책이라도
4. 산책이나
5. 단어라도 외워
6. 단어나 외워
7. 못 봤던 드라마나 볼까 해요
8. 봤던 드라마라도 다시 볼까 해요
9. 우리라도 먼저 들어가자
10. 우리나 먼저 들어가자

Section II - Reading Comprehension

<Translation>

<just just>

Lyrics by TTMIK

Composed by TTMIK

Sung by TTMIK

Saturday afternoon

There's nothing to do

The weather is good, should I just take a walk?

Or just call my friend to hang out?

Or just play any song and dance?

No, no, no

Let's just study Korean because I'm bored

I go to my room

close my eyes and just grab any book

I should not open my eyes yet

And just open it to any page

Just choose any word with a finger

Now open my eyes, one, two, three!

"Ramyeon"

This is it!

Because I am hungry

I go to the kitchen to look for ramyeon

Eh? There's no ramyeon, no ramyeon

But I'm fine. Even if I can't eat ramyeon, I'm fine.

I'm fine.

11. b   12. c   13. c

Section III - Listening Comprehension

<Transcript>

네, 감사합니다. 그럼 다음으로 123 님의 이야기를 들어 볼까요?

"안녕하세요, 저는 평범한 직장인입니다.

요즘 아무것도 하고 싶은 게 없어서 고민이에요.

예전에는 하고 싶은 것도 많았고 매일 즐거웠거든요?

그런데 요즘엔 뭘 해도 재미없고, 의욕도 없어요.

저에게 무슨 문제가 있는 걸까요?"라고 보내셨습니다.

네, 일단 123 님에게 문제가 있는 건 아니에요.

많은 분들이 비슷한 고민을 보내셨거든요.

저도 그런 적이 있었는데, 운동을 하니까 좀 나아지더라고요.

123 님도 가벼운 운동이라도 시작해 보시는 건 어떨까요?

아니면 산책이라도 하면서 사진을 찍어 보시는 건 어때요?

집에만 있으면 맨날 먹기나 하고, 잠이나 자게 되잖아요?

그러면 더 의욕이 없어질 수 있거든요.

힘들겠지만 조금씩이라도 몸을 움직여 보시면, 기분이 좋아지는 걸 느끼실 수 있을 거예요.

그럼 123 님을 위한 노래를 들려 드리겠습니다. '기분 좋은 날'입니다.

Yeah, thank you very much. Well, next up, shall we listen to the story of 123?

This person sent in, "Hello, I am an ordinary office worker.

My problem is that there is nothing I want to do these days.

You know what? There were a lot of things that I wanted to do in the past, and I was happy every day.

But now, no matter what I do, I do not enjoy it and am not motivated.

Do you think I have a problem?"

Ok, first of all, it's not that you have a problem.

Because a lot of people sent in a story that is similar to yours.

I've also had a similar experience, but I got better after I worked out.

Why don't you start with light exercise at least?

Or why don't you at least take a walk and take pictures?

You know, if you just stay home, you just eat and sleep.

If you do that, it's possible that you get even less motivated.

You'll probably find it hard, but if you try moving your body little by little at least, you'll be able to feel that you're becoming happy.

Then, I'll play the song for you, dear 123, "Happy Day."

14. c   15. d

Section IV - Dictation

16. 집에서 일이나   17. 산책이라도 해야죠

Section V - Speaking Practice

승완: 주연 씨, 이번 주말에 뭐 할 거예요?

　　　[주연씨, 이번 주마레 뭐할 꺼예요?]

주연: 약속 있었는데 취소됐어요.

　　　[약쏙 이썬는데 취소돼써요.]

　　　그래서 집에서 일이나 하려고요.

　　　[그래서 지베서 이리나하려고요.]

승완: 하루 종일 집에만 있으려고요?

　　　[하루종일 지베만 이쓰려고요?]

주연: 저녁에는 나가서 산책이라도 해야죠.

　　　[저녀게는 나가서 산채기라도 해야조.]

　　　승완 씨는 주말에 약속 있어요?

　　　[승완씨는 주마레 약쏙 이써요?]

승완: 저도 약속 없어요.

　　　[저도 약쏙 업써요.]

　　　요즘 날씨 너무 좋으니까

　　　[요즘 날씨 너무 조으니까]

　　　혼자 나가서 자전거라도 타려고요.

　　　[혼자 나가서 자전거라도 타려고요.]

Seung-wan: Jooyeon, what are you going to do this weekend?

Jooyeon: I had plans, but they got canceled. So, I'm thinking of just working.

Seung-wan: You're only going to stay home all day long?

Jooyeon: I will take a walk in the evening at least, of course. Do you have any plans this weekend, Seung-wan?

Seung-wan: I don't have plans either. The weather is really good these days, so I'm thinking of going out by myself and riding a bike at least.

Lesson 5

Section I - Complete the Dialogue

1. 이것만 결정하고 끝내기로 해요.
2. 우리 다음에는 여행 전에 잘 알아보기로 해요.
3. 따로 간 다음에 공항에서 만나기로 했어요.
4. 다음 주부터 열심히 하기로 마음먹었어요.
5. 이걸로 결정했어요?
6. 휴가 때 뭐 하기로 했어요?
7. 이거 안 하기로 하지 않았어요?
8. 우리 몇 시에 보기로 했더라?

Section II - Reading Comprehension

<Translation>

Talk To Me In Korean

@ttmik

All of our dear Talk-Talks, Happy New Year! What plans did you guys make for this year? Teacher Hyunwoo said he made up his mind to study Spanish harder, which he started learning last year. And he said he is also going to learn to play the piano. Do you guys think he will really be able to do both? ;-) What are your New Year's resolutions, Talk-Talks?

⌐ koreanmaster***

Well, I have so many. The biggest goal is studying Korean!
To improve my writing ability, I made up my mind to write a diary entry in Korean every day.

⌐ workouthard***

I've decided to become a little healthier this year. I'm going to walk at least 30 minutes every day.

⌐ familytime***

I want to spend more time with my family this year. I've been too busy so far.

⌐ quitsthbad***

Instead of starting a particularly new thing, I decided not to do anything bad.
So, firstly, I'm not going to throw any trash on the street.

⌐ begrateful***

Wow, I just decided to be grateful for something even if it is small and laugh more.
I hope there are more things to laugh about this year!

9. a   10. c   11. b   12. c   13. c

Section III - Listening Comprehension

<Transcript>

매년 1월이 되면 사람들은 계획을 세우고 그 계획을 지키려고 노력합니다. 그런데 2월, 3월에도 그 계획을 지키는 사람은 거의 없습니다. 이런 걸 '작심삼일'이라고 하죠. '작심'은 '마음을 먹다', '삼일'은 말 그대로 '3일'을 말하는데, 마음먹은 것이 3일 이상 오래 가기 어렵다는 뜻입니다. 그러면 작심삼일이 되지 않도록 하려면 어떻게 해야 할까요? 두 가지 방법이 있습니다. 일단, 작은 목표를 세우는 게 중요합니다. 너무 큰 목표를 세우면 아무리 열심히 해도 이루기가 어렵기 때문입니다. 예를 들어, '하루에 세 시간씩 운동하기'라는 계획을 세우면, 안 하던 운동을 갑자기 많이 하는 어렵겠죠. 그 대신, '하루에 30분 걷기'나 '계단으로 세 층 올라가기'는 훨씬 쉽죠. 이런 작은 목표들이 잘 이루어질 때 큰 목표로 바꾸는 게 좋습니다. 다음으로, 결과보다는 과정을 중요하게 생각해야 합니다. 운동을 세 시간 해야 한다는 사실만 너무 생각하지 않고, 그냥 운동하는 것 자체를 즐기는 거죠. 그러면 나중에는 '하루에 세 시간씩 운동하기'라는 목표를 힘들지 않게 이룰 수 있게 됩니다.

Every year, when it becomes January, people make plans and try hard to keep the plans. However, there are few people who keep these plans in February and March. We call such a thing jak-sim-sam-il. Jak-sim refers to "to make up one's mind", and sam-il literally refers to "three days", so it means that what you've made up your mind to do hardly lasts longer than three days. Then what should we do to overcome jak-sim-sam-il? There are two methods. First, it's important to make a small goal. Because if you make too big a plan, no matter how hard you try, it's difficult to accomplish. For example, if you make a plan of "exercising for three hours a day", it must be difficult to exercise, which you didn't use to do a lot of, all of a sudden. Instead, "walking for 30 minutes a day" or "walking up three floors using stairs" are much easier. When small goals like this are well accomplished, you'd better change it to big goals. Next up, you need to put more importance on the process than the result. Rather than just thinking about the fact that you have to exercise for three hours, you just enjoy exercising itself. If so, later you will be able to achieve your goal of "exercising for three hours a day" without any problem.

14. b
15. (1) 작은 목표(를)　　(2) (결과보다) 과정을 중요하게
16. (1) A　　　　　　　(2) B

Section IV - Dictation

17. 마음먹었어요
18. 했는데
19. 천 원씩 내기로

Section V - Speaking Practice

준배: 저 오늘부터
　　　[저 오늘부터]
　　　하루에 30분씩 운동하기로 마음먹었어요.
　　　[하루에 삼십뿐씩 운동하기로 마음머거써요.]
다혜: 그래요?
　　　[그래요?]
　　　저 오늘부터 예지 씨랑 같이 운동하기로 했는데,
　　　[저 오늘부터 예지씨랑 가치 운동하기로 핸는데,]
　　　준배 씨도 같이 할래요?
　　　[준배씨도 가치 할래요?]
준배: 아, 정말요? 좋아요. 몇 시에 만나기로 했어요?
　　　[아, 정마료? 조아요. 멷씨에 만나기로 해써요?]
다혜: 일곱 시요. 호수 공원으로 오세요.
　　　[일곱씨요. 호수공워느로 오세요.]
　　　아! 그리고 운동 빠질 때마다
　　　[아! 그리고 운동 빠질때마다]

벌금 천 원씩 내기로 했어요.
[벌금 처눤씩 내기로 해써요.]

Joonbae: I have made up my mind to exercise for 30 minutes every day starting today.
Dahye: Have you? Yeji and I have decided to exercise together starting today. Do you want to join?
Joonbae: Oh, really? Sounds good. What time are you going to meet?
Dahye: At seven o'clock. Come to Lake Park. Ah! And we have decided to pay 1,000 won as a penalty every time we skip working out.

Lesson 6

Section I - Complete the Dialogue

1. 일이 산더미처럼 쌓여 있
2. 일을 쉬
3. 일 복이 많은
4. 일하고 결혼했
5. 일이 잘 풀려
6. 볼일이 있
7. 일이 손에 안 잡히
8. 일할 맛이 나
9. 일도 아니
10. 일을 벌이

Section II - Reading Comprehension

<Translation>

In our office, there was a senior who always worked until late. The senior hardly had any hobbies, and she was so interested in just work that we used to ask her if she was married to her job. The senior came back after a short break because of childbirth. When she saw a ton of work to do when she came back, she looked happy, saying she felt like she was a magnet for work. I said to her that I bet she can't focus on work because she can't stop thinking about her baby, and she said with a smile that she was rather motivated to work because of the break she had. My senior... is probably addicted to work?

11. b   12. b

Section III - Listening Comprehension

<Transcript>

남자: 오늘은 아침부터 왠지 기분이 좋아서 모든 일이 잘 풀릴 것 같았는데...

여자: 그랬는데 일이 잘 안 풀렸어요?

남자: 네. 하는 일마다 문제가 생겨서 되는 일이 하나도 없네요.

여자: 왜요? 무슨 일이 있었는데요?

남자: 일단 출근할 때 지하철을 탔는데, 무슨 문제가 생겼다고 다 내리라고 했고요.

여자: 네?

남자: 그래서 역 밖으로 나간 다음에 택시 타려고 했는데, 택시가 잘 안 잡히더라고요.

여자: 아! 그래서 오늘 지각했군요!

남자: 네, 맞아요. 그리고 아까 점심 먹고 사무실에 오다가 넘어졌어요.

여자: 네? 괜찮아요?

남자: 많이 다치진 않았는데, 옷이 이렇게 더러워졌어요.

여자: 어머. 어떡해요? 이따가 미팅 가야 하지 않아요?

남자: 맞아요. 그래서 지금 옷 사러 나갔다 와야 될 것 같아요.

Man: I felt happy this morning for some reason, so I thought everything would work out well.

Woman: You thought so, but things didn't work out well?

Man: No. Everything I did had a problem, so nothing worked out at all.

Woman: Why? What things happened?

Man: First of all, I got on the subway to come to work, but they told all the passengers to get off because there was something wrong.

Woman: What?

Man: So I got out of the station and tried to take a taxi, but it was hard to get a taxi.

Woman: Oh! That's why you were late today!

Man: Yes, that's right. And earlier today, on my way to the office after lunch, I fell down.

Woman: What? Are you okay?

Man: I didn't get hurt a lot, but my clothes got dirty like this.

Woman: Oops, what should we do? Don't you have to go to a meeting later?

Man: I do. That's why I think I should go out to buy some clothes right now.

13. c   14. b   15. b

Section IV - Dictation

16. 일 복이 터졌어요

17. 그렇다면 다행이지만

Section V - Speaking Practice

승완: 경화 씨, 지금 아르바이트 몇 개 하고 있어요?

    [경화씨, 지금 아르바이트 몇개 하고이써요?]

경화: 두 개요. 근데 다음 주부터 한 개 더 하기로 했어요.

    [두개요. 근데 다음쭈부터 한개 더 하기로해써요.]

    요즘 정말 일 복이 터졌어요.

    [요즘 정말 일뽀기 터저써요.]

승완: 너무 일밖에 모르는 거 아니에요?

    [너무 일바께 모르는거 아니에요?]

    일하고 결혼한 사람 같아요.

    [일하고 결혼한 사람 가타요.]

경화: 괜찮아요. 이 정도는 저한테 일도 아니에요.

    [괜차나요. 이정도는 저한테 일도 아니에요.]

승완: 그렇다면 다행이지만... 그래도 쉬엄쉬엄하세요.

    [그러타면 다행이지만... 그래도 쉬엄쉬엄하세요.]

Seung-wan: Kyung-hwa, how many part time jobs are you working now?

Kyung-hwa: Two, but I've decided to take on one more starting next week. I am a magnet for work these days.

Seung-wan: Aren't you too invested in your work? You're like a person who is married to their work.

Kyung-hwa: I'm fine. This doesn't even feel like work to me.

Seung-wan: That's a relief if so... but still, you should take it easy sometimes.

Lesson 7

Section I - Translation Practice

1. 저는 일요일에는 영화를 본다거나 책을 읽는다거나 해요.

2. 옷이 안 맞는다거나 마음에 안 든다거나 하면 가서 다른 걸로 바꾸세요.

3. 조금 춥다거나 열이 난다거나 하면 바로 알려 주세요. or 조금 춥다거나 열이 있다거나 하면 바로 알려 주세요.

4. 저는 노래를 부른다거나 그림을 그린다거나 하면서 스트레스를 풀어요.

5. b

6. a, b

7. a, b

8. a

Section II - Reading Comprehension

<Translation>

These days, a lot of people are suffering from "turtle neck syndrome". Humans' neck bones are supposed to be shaped like the letter C, but if you stay for a long time in a bad posture to your neck, your neck bones become like the Chinese character for the number one, and your neck gets inclined forward. That figure looks like a turtle, so it's called "turtle neck".

Turtle neck syndrome often occurs in young people who use mobile phones a lot. And office workers who sit and use computers every day easily have turtle neck because they look at the monitor by stretching their neck. You have to fix your turtle neck quickly because if you leave your turtle neck like that, your waist, head, and even your jaw can become bad, not to mention your neck.

Then, what do you have to do to fix your turtle neck or to prevent it? The best way is just a correct posture. When you look at your computer, it is good that you keep your back and neck straight and have only your eyes look down about 15 degrees. If the computer monitor is too low, you bow your head, so it's better if you raise the monitor. And, no matter how good your posture is, staying in the same posture for a long time is not good, so you need to move your body at least once an hour. Also, doing things like using a low pillow or doing posture correction exercise are helpful as well.

9. c   10. d   11. c

Section III - Listening Comprehension

<Transcript>

여자: 어서 오세요. 찾으시는 거 있으세요?

남자: 아니요. 뭐 살지는 못 정했는데요.

여자: 주로 어떤 목적으로 쓰시려고요?

남자: 음... 영화 본다거나 할 때 쓰려고요.

여자: 그럼 화면이 좀 큰 걸 추천해 드릴게요. 큰 핸드폰을 보여 드릴까요?

남자: 아니요. 핸드폰은 얼마 전에 바꿨어요. 그리고 핸드폰은 작은 게 좋아요.

여자: 그럼 태블릿은 어떠세요? 영화를 본다거나 그림을 그린다거나 할 수도 있어요.

남자: 그래요? 전 동영상 편집도 하고 싶은데 태블릿으로 될까요?

여자: 그럼요. 영화나 광고처럼 아주 어렵다거나 복잡한 동영상이 아니면 다 할 수 있어요.

남자: 좋네요. 그걸로 할게요.

Woman: Hello sir, is there something you're looking for?

Man: No. I haven't decided what to buy.

Woman: What purpose will you usually use it for?

Man: Well, I'm planning to use it for watching movies or something.

Woman: Then I recommend one with a big screen to you. Do you want me to show you a big mobile phone?

Man: No, I changed my phone not too long ago. And I prefer small phones.

Woman: Then what about tablet PCs? You can do things like watch movies or draw something.

Man: I can? I also want to edit videos. Do you think I can do it with a tablet?

Woman: Sure. You can do everything unless it's a very difficult or complicated video, such as a movie or commercial.

Man: Sounds good. I'll take it.

12. a   13. d   14. a

Section IV - Dictation

15. 받는다거나 할 때   16. 한다거나 일을 해요

Section V - Speaking Practice

주연: 현우 씨는
[혀누씨는]
기분이 안 좋다거나 스트레스를 받는다거나 할 때
[기부니 안조타거나 스트레스를 반는다거나 할때]
어떻게 해요?
[어떠케 해요?]

현우: 저는 그럴 때 공부를 한다거나 일을 해요.
[저는 그럴때 공부를 한다거나 이를해요.]

주연: 네? 기분이 안 좋은데 공부를 한다고요?
[네? 기부니 안조은데 공부를 한다고요?]

현우: 농담이에요. 왜요? 지금 기분 안 좋아요?
[농다미에요. 왜요? 지금 기분 안조아요?]

Jooyeon: Hyunwoo, what do you do when you feel down or stressed out?

Hyunwoo: When that happens, I study or work.

Jooyeon: What? You're saying that you study when you don't feel good?

Hyunwoo: I'm kidding. Why? You're not feeling good right now?

Lesson 8

Section I - Conjugation Practice

1. 끄지 않은 채로
2. 닫지 않은 채로
3. 끄지 않은 채로 (틀어 놓은 채로 is also possible.)
4. 틀어 놓은 채로
5. 하지 않은 채로
6. 둔 채로
7. 치우지 않은 채로
8. 닫지 않은 채로

Section II - Reading Comprehension

<Translation>

Today, I heard an astonishing story from my Korean friends. It was that if you keep a fan turned on when you sleep, you die. I never heard that until today, but my Korean friends, who were there, all said they had heard of it. Specifically, (it is said that) if you sleep with a fan on and all the doors closed, you die. I couldn't believe it, so I looked it up when I got home. No wonder all my Korean friends knew about it. Apparently, the story that someone died while sleeping with their fan turned on often appeared on the news on TV or in newspaper articles. The reasons that were talked about were "because the body temperature goes down" and "because the amount of air decreases". However, I don't understand because when it comes to lowering body temperature, would it probably be more affected by air conditioners than fans? Also, no matter how thoroughly closed all the doors are, I'm not sure it would get to the point where the amount of air decreases.

9. a   10. d

Section III - Listening Comprehension

<Transcript>

여자: 오늘의 주제는 '바보 같은 나'입니다.

남자: 바보 같은 나? 그럼 저는 오늘 할 말이 없을 것 같네요.

여자: 네? 귀여운 실수 같은 것도 하신 적 없으세요? 예를 들어서 제가 자주 하는 실수는, 안경을 쓰고 있다는 사실을 잊어버리고 안경을 쓴 채로 그냥 자는 거예요.

남자: 아! 돈을 옷 주머니에 넣은 채로 세탁기를 돌리는 그런 거요?

여자: 네, 맞아요. 저는 오늘 지하철을 타려고 할 때 지갑이 없다는 사실을 깨달아서 집으로 다시 갔어요.

남자: 그 정도는 바보 같다고 할 수 없을 것 같아요. 저는 가끔 핸드폰 충전하는 걸 잊어버릴 때가 있어요. 자기 전에 충전을 안 한 채로 자서, 다음 날 아침에 배터리가 하나도 없는 거죠.

여자: 저는 항상 그래요. 그래서 사무실에서 충전해요. 이건 어때요? 제가 아까 휴지를 버리려고 쓰레기통으로 갔는데, 한 손에 휴지를 쥔 채로 다른 손에 있던 핸드폰을 버려 버렸어요.

남자: 네? 그건 인정. 그 정도면 바보 같다고 할 수 있겠어요.

Woman: Today's topic is "stupid me".

Man: Stupid me? Then, I don't think I have anything to say today.

Woman: Sorry? Haven't you ever made something like a cute mistake? For example, the mistake that I make often is that I forget the fact that I'm wearing glasses and just go to bed with my glasses on.

Man: Ah! You meant something like running the washing machine after putting your clothes with some money in the pocket?

Woman: Yes, that's right. Today, when I was about to take the subway, I realized that my wallet was not with me, so I went back home.

Man: I don't think that's something stupid. I sometimes forget to charge my mobile phone. I sleep while my phone is not being charged, and the next morning, I run out of battery.

Woman: I always do too, so I charge it in the office.

What about this? I went to the garbage can earlier today to throw away some tissue, but I ended up throwing away my phone that I was holding with one hand while holding the tissue with my other hand.

Man: What? I agree. I would say that's something stupid.

11. a   12. a

Section IV - Dictation

13. 앉은 채로 할 수 있는

14. 두 다리를 쭉 뻗은 채로

Section V - Speaking Practice

예지: 사무실에서 앉은 채로 할 수 있는 운동이 있을까요?

　　[사무시레서 안즌채로 할쑤인는 운동이 이쓸까요?]

동근: 그럼요. 제가 하나 알려 드릴게요.

　　[그럼뇨. 제가 하나 알려드릴께요.]

　　먼저, 두 다리를 앞으로 쭉 뻗으세요.

　　[먼저, 두 다리를 아프로 쭉 뻐드세요.]

예지: 그리고요?

　　[그리고요?]

동근: 두 다리를 쭉 뻗은 채로 발목을 앞뒤로 움직이세요.

　　[두 다리를 쭉 뻐든채로 발모글 압뒤로 움지기세요.]

　　어때요? 시원하죠?

　　[어때요? 시원하조?]

예지: 오, 정말 시원하네요. 고마워요!

　　[오, 정말 시원하네요. 고마워요!]

Yeji: Do you think there are some exercises that you can do while seated at the office?

Dong-geun: Sure. Let me show you one. First, stretch your legs out in front of you.

Yeji: And then?

Dong-geun: While stretching your legs straight out, move your ankles back and forth. How is it? Doesn't it feel nice?

Yeji: Oh, it's really nice! Thanks!

Lesson 9

Section I - Comprehension

1. ④ 안 옮겨 놓은 게 후회돼요.
2. ② 공연 보고 있었어요.
3. ③ 영화 시작했을 거예요.
4. ① 의외로 쉽네요.
5. ③ 한 시간은 기다려야 할 거야.
6. ① 좀 실망이네.
7. ② 이미 다 끝났어요.
8. ④ 산 게 후회돼.
9. ③ 진짜 힘들 거예요.
10. ① 대박이네.

Section II - Reading Comprehension

<Translation>

< 1 >

Asked 100 Men and Women in Their 50s, "What's Your Biggest Regret From Your Twenties?"

1. "I should have told my parents that I love them more often."
2. "I should have learned more foreign languages."
3. "I should have traveled to more places."
4. "I should have taken good care of my health."
5. "I should have said sorry first."
6. "I should not have given up on my dream."
7. "I should have quit smoking."
8. "I should have hung out more."
9. "I should not have been so self-conscious."
10. "I should have done what I liked to do more."

< 2 >

Everyone ends up regretting something in their life.

㉠ So, then how about telling your parents that you love them right today?

㉡ That's because while you're regretting, you think about that bad thing and can prepare for a better future.

㉢ However, regrets are not necessarily bad things.

㉣ Even so, the less things you might regret, the better.

11. a   12. a, b, d   13. d

Section III - Listening Comprehension

<Transcript>

그때 그 떡볶이를 먹을걸
그때 그 옷을 살걸
그때 그곳으로 여행 갈걸
그때 좀 더 많이 놀걸
(verse) 오, 후회 후회 후회하지 마~ (yeah)
그냥 지금 하고 싶은 걸 하면 돼
오 지금 하지 않으면 나중에 또 후회할걸?
마음이 원하는 걸 하면 돼

I should have eaten that tteokbokki that time.
I should have bought those clothes that time.
I should have traveled to that place that time.
I should have hung out a little more that time.
(verse) Oh, don't, don't, don't regret! (yeah)
You can just do what you want to do now.
Oh, if you don't do it now, you'll probably regret it again later.
You can just do what your heart tells you to do.

14. e   15. c

Section IV - Dictation

16. 퇴근했을걸요
17. 얘기할걸
18. 확인할걸요

Section V - Speaking Practice

준배: 예지 씨 사무실에 있겠죠?

[예지씨 사무시레 읻껟쪼?]

경은: 퇴근했을걸요.

[퇴근해쓸껄료*.]

준배: 아, 예지 씨한테 할 말 있었는데...

[아, 예지씨한테 할마리썬는데...]

아까 나오기 전에 얘기할걸.

[아까 나오기 저네 얘기할껄.]

경은: 오늘 꼭 해야 하는 말이면 문자 보내세요.

[오늘 꼭 해야하는 마리면 문짜 보내세요.]

아마 바로 확인할걸요.

[아마 바로 화긴할껄료*.]

* -(으)ㄹ걸요 is supposed to be pronounced as [-(으)ㄹ꺼료] in theory, but most people pronounce it as [-(으)ㄹ껄료].

Joonbae: Yeji should be in the office, right?

Kyeong-eun: I think she left.

Joonbae: Ah! I had something to say to her. I should have talked to her earlier today before I left the office.

Kyeong-eun: If it's something you need to tell her today, text her. She'll probably check your message right away.

Lesson 10

Section I - Comprehension

1. c	2. a	3. c	4. b	5. a
6. a	7. b	8. c	9. b	10. c

Section II - Reading Comprehension

<Translation>

Talk To Me In Korean Festival

Welcome to the very first TTMIK Korean Culture Festival!

Various events such as Korean dish cooking class, writing class, Korean speech contest, and so on are waiting for you guys.

Not to mention Korean food, you will have an opportunity to eat food from a lot of different countries around the world!

Do not miss out since we have prepared a lot of gifts for each event!

- Date: May 10, 20XX (Sat)
- Place: TTMIK School Field
- Entrance fee: 5,000 won

<Event Schedule>

10:00 ~ 10:30	Greetings & Introduction
10:30 ~ 12:00	Cooking Korean Food - Making Gimbap!
12:00 ~ 13:00	Lunch (Gimbap)
13:00 ~ 14:00	Writing Class / Korean Painting Class ★ Gifts provided
14:00 ~ 16:00	Korean Speech Contest 1st: three million won (one person) 2nd: one million won (one person) 3rd: 500 thousand won (one person)
16:00 ~ 17:00	Korean Quiz / Korean Traditional Game ★ Gifts provided
17:00 ~ 19:00	Dinner (International Food)
19:00 ~ 21:00	Performance

※ You can participate in only one event if two or more events are held at the same time.

※ When it comes to the speech contest, you have to register before the event. If you hope to participate, please send us the topic to the e-mail address below after you pick it by April 30th.

E-mail: festival***@talktomeinkorean.com

11. a. X	b. X	c. O	d. O	e. O
f. X	g. X	h. X	i. O	

Section III - Listening Comprehension

<Transcript>

여자: 너 그림 좀 보자!

남자: 여기. 잘 그렸지?

여자: 강아지 그림이네.

남자: 이게 어떻게 강아지야? 고양이잖아.

여자: 하하, 그게 그거지. 네가 못 그린 거 아닐까? 색깔도 없네.

남자: 휴, 됐어. 원래 한국화에서는 색깔을 많이 안 쓰

거든?

여자: 내가 한 것도 볼래? '나무'라는 단어를 나무처럼
　　　 그려 봤어.

남자: 야, 이제 시작한다!

여자: 내 그림 좀 보라니까?

남자: 어, 그래. 그래. 잘했네.

여자: 그렇게 보지도 않은 채로 말하지 마.

남자: 근데 지금 말하고 있는 사람, 진짜 잘한다.

여자: 나보다 발음 별로인데?

남자: 아무리 네 발음이 좋다지만 저 정도는 아니지.

여자: 잠깐만, 근데 나 저 사람 낯이 익어.

남자: 유명한 사람일까? 넌 친구가 많으니까 모임에서
　　　 봤다거나 했겠지.

여자: 그런 것 같기도 하고... 누구더라? 근데 TTMIK 축
　　　 제는 다양한 행사가 많아서 너무 재미있다.

남자: 맞아. 우리 지난번에 갔던 축제는 좀 재미없었잖
　　　 아. 오늘은 공연도 너무 기대돼!

여자: 나도! 근데 나 너무 배고파. 공연은 저녁에 하니
　　　 까 밥이나 먼저 먹자.

남자: 아직 시간 많이 남았잖아. 나 이거 듣고 싶어. 이
　　　 사람이라도 다 듣고 가자.

여자: 어차피 어려운 내용이어서 너 못 알아들을걸.

Woman: Let's have a look at your painting!

Man: Here it is. I'm a good painter, huh?

Woman: A picture of a dog?

Man: How can this be a dog? Come on, it's a cat!

Woman: Haha, that's what it is. Don't you think
　　　　 that's because your painting is bad? It
　　　　 even has no color.

Man: Phew, never mind. Don't you know that you
　　　 rarely use colors in Korean painting?

Woman: Do you want to see mine as well? I tried
　　　　 painting the word "tree" looking like trees.

Man: Oh, now it starts!

Woman: I said have a look at my painting!

Man: Ok, I will. I will. Well done.

Woman: Don't say it like that without even looking
　　　　 at it.

Man: By the way, the person who is speaking right
　　　 now is really good.

Woman: His pronunciation sounds worse than mine.

Man: I know your pronunciation is really good, but
　　　 not like that person.

Woman: Wait, that person looks familiar to me.

Man: She might be famous? Since you have a lot of
　　　 friends, maybe you saw her at a meetup or
　　　 something.

Woman: Maybe... who was it? By the way, the
　　　　 TTMIK festival is fun because there are a
　　　　 lot of events.

Man: Right. The festival we went to last time
　　　 wasn't fun, was it? I'm also looking forward
　　　 to the performance today!

Woman: So am I! But I'm so hungry. The perfor-
　　　　 mance will be in the evening, so let's just
　　　　 have dinner first.

Man: Come on, we still have some time left. I'd
　　　 like to listen to this. Let's at least leave after
　　　 listening to this person.

Woman: It's difficult, so I assume you won't be able
　　　　 to understand anyway.

12. c　　　13. b　　　14. b

Section IV - Dictation

15. 만나기로 했는데

16. 쌓여 있다고

17. 아무리 일이 많다지만

Section V - Speaking Practice

동근: 보람 씨, 오늘 희주 씨 만나죠?
　　　 [보람씨, 오늘 히주씨 만나조?]

보람: 아, 원래 만나기로 했는데,
　　　 [아, 월래 만나기로 핸는데,]
　　　 희주 씨가 일이 산더미처럼 쌓여 있다고 취소했어요.
　　　 [히주씨가 이리 산떠미처럼 싸여읻따고 취소해써요.]

동근: 정말요? 아무리 일이 많다지만,
　　　 [정마료? 아무리 이리 만타지만,]
　　　 어떻게 약속을 당일에 취소해요?
　　　 [어떠케 약쏘글 당이레 취소해요?]

보람: 하하. 저희 둘은 원래
　　　 [하하. 저히 두른 월래]

당일에도 약속을 여러 번 바꾸는 편이에요.
[당이레도 약쏘글 여러번 바꾸는 펴니에요.]

Dong-geun: Boram, you're seeing Heeju today, right?

Boram: Ah, we were originally supposed to meet, but Heeju said that she has a ton of work piled up and canceled.

Dong-geun: Really? I know she has a lot of work to do, but how can she cancel plans on the day of?

Boram: Haha. We both have the tendency to change our plans several times even on the day of.

Lesson 11

Section I - Matching

1 - e. 겨울이었으면 스키 타러 갔을 텐데.

2 - i. 사람들이랑 같이 하면 훨씬 쉬울 텐데 왜 힘들게 혼자 하고 있어요?

3 - h. 혼자 살면 매일 친구들 불러서 놀 텐데.

4 - a. 어렸을 때부터 운동을 했으면 축구 선수가 됐을 텐데.

5 - f. 늦을 거라고 연락을 줬으면 카페에라도 들어가 있었을 텐데.

6 - g. 이미 늦어서 아무리 빨리 뛰어가도 버스 못 탈 텐데.

7 - c. 걸으면서 핸드폰 안 봤으면 안 다쳤을 텐데.

8 - b. 오늘같이 날씨 좋은 날 회사 안 가고 놀면 참 좋을 텐데.

9 - d. 늦게까지 일해서 배고플 텐데 치킨 사 줄까요?

Section II - Reading Comprehension

<Translation>

Though It Would Be Nice

World we're living
World full of pain

Being in pain
And being sad

Getting angry
And getting hurt

Hurting someone
And being hurt

World we're going to live
World full of happiness

If everyone smiled
It would be more beautiful

If everyone held hands
It would be warmer

If everyone dreamed
They would be happier

It would be nice
It would be really nice if that happened

10. a   11. b

Section III - Listening Comprehension

<Transcript>

점원: 주문 도와 드릴까요?

손님1: 네, 닭갈비 2인분이요.

점원: 아, 매운 음식 잘 못 드시면 이 메뉴는 손님한테 좀 많이 매울 텐데, 괜찮으시겠어요?

손님2: 아... 좀 덜 맵게는 안 되나요?

점원: 죄송하지만, 소스가 만들어져 있어서 덜 맵게는 어려워요. 아니면 찜닭은 어떠세요? 찜닭은 별로 안 맵거든요.

손님1: 그래요? 친구가 여기 닭갈비 꼭 먹어 보라고 해서 온 건데...

점원: 저희 찜닭도 잘 나가요. 닭갈비는 매운 고추장이 들어가는 데 비해서 찜닭은 간장으로 만든 거여서 덜 매워요. 닭갈비는 매운 거 잘 드시는 분들도 좀 맵다고 하셔서...

손님2: 그냥 찜닭 먹을래? 나 먹어 봤는데 맛있었어.

손님1: 아, 진짜? 그럼 저희 찜닭으로 할게요.

점원: 네, 근데 이 메뉴는 시간이 조금 더 오래 걸릴 텐데 괜찮으세요?

손님1: 얼마나요?

점원: 15분 정도 걸려요.

손님2: 아, 그 정도면 괜찮아요.

점원: 네, 그리고 찜닭에는 밥이 안 들어가 있어서 양이 좀 적을 텐데, 밥은 따로 시키시겠어요?

손님1: 네, 밥도 두 개 주세요. 아, 잠시만요. 너 밥 먹을 거야?

손님2: 음... 모르겠는데. 나중에 주문해도 돼요?

점원: 그럼요. 한 개만 먼저 드릴게요. 음료는 괜찮으세요?

손님2: 콜라도 두 개 주세요.

점원: 네, 음료 먼저 준비해 드릴게요. 잠시만 기다려 주세요.

Server: Can I take your order, please?

Customer 1: Yes. Two servings of dakgalbi, please.

Server: Oh, if you are not fond of spicy food, this menu item might be too spicy for you. Will it be okay?

Customer 2: I see. Can you make it less spicy, perhaps?

Server: I'm afraid not because the sauce has already been made. How about jjimdak instead? Jjimdak is not very spicy.

Customer 1: Is it? I came here because a friend of mine said I should really try dakgalbi here.

Server: Our jjimdak is also popular. There's red pepper paste in dakgalbi, but in jjimdak, we made it with soy sauce, so it's less spicy. People who love spicy food even said our dakgalbi was spicy.

Customer 2: Shall we just eat jjimdak? I tried it before, and it was good.

Customer 1: Oh, really? Then we'll have jjimdak.

Server: Okay, but it will take a longer time to make this menu item. Is that okay?

Customer 1: About how long?

Server: It takes about 15 minutes.

Customer 2: Ah, then it's fine.

Server: Okay, and there's no rice included in jjimdak, so it's not a big amount. Would you

like to order rice separately?

Customer 1: Yes. Please give us two bowls of rice as well. Oh, wait, are you going to eat rice?

Customer 2: Hmm, I don't know. Is it okay if I order it later?

Server: Sure. I'll bring only one for now then. How about drinks?

Customer 2: Two colas, please.

Server: Okay, I'll get you drinks first. Please wait a moment.

12. a   13. c   14. a   15. d

Section IV - Dictation

16. 바쁠 텐데

17. 비쌀 텐데

18. 모임 있는 거 알고 있을 텐데

Section V - Speaking Practice

경화: 오늘 월요일이어서 바쁠 텐데 어떻게 왔어요?

[오늘 워료이리어서 바쁠텐데 어떠케 와써요?]

두루: 오늘 쉬는 날이에요.

[오늘 쉬는나리에요.]

아, 그리고 오늘 경화 씨 생일이죠?

[아, 그리고 오늘 경화씨 생이리조?]

제가 작은 선물을 준비했어요.

[제가 자근 선무를 준비해써요.]

경화: 선물요? 우와! 고마워요. 근데 이거... 비쌀 텐데...

[선무료? 우와! 고마워요. 근데 이거... 비쌀텐데...]

두루: 아니에요. 별로 안 비싸요. 근데 주연 씨는 안 왔어요?

[아니에요. 별로 안비싸요. 근데 주연씨는 아나써요?]

경화: 아직 안 왔어요.

[아직 아나써요.]

오늘 모임 있는 거 알고 있을 텐데, 아직 안 보이네요.

[오늘 모임 인는거 알고 이쓸텐데, 아직 안보이네요.]

Kyung-hwa: It's Monday today, so you must be busy. How did you manage to come here?

Duru: It's my day off today. Oh, and Kyung-hwa, it's your birthday today, right? I've prepared a small gift for you.

Kyung-hwa: A gift? Wow! Thank you. But this must be expensive.

Duru: No, it's not that expensive. By the way, is Jooyeon not here?

Kyung-hwa: She's not here yet. I'm sure she knows about today's gathering, but I don't see her here yet.

Lesson 12

Section I - Complete the Dialogue

1. 고장 났던데

2. 살기 좋다던데요

3. 춘다던데

4. 어렵다던데

5. 잘하던데 or 잘한다던데 / 살았다던데요

* If you use 잘하던데, you can imply that the person A has talked to Cassie, and they found out the fact that Cassie speaks Korean well themselves, whereas if you use 잘한다던데, you can imply that the person A has not talked to Cassie themselves and just heard from someone that Cassie speaks Korean well.

6. 바쁘던데

7. 닫는다던데 or 닫던데

8. 친구라던데요 (친구였다던데요 can be a possible answer, but it is less natural. 친구였다던데요 can sound like they are not friends anymore.)

9. 진짜 꽃이던데요

Section II - Reading Comprehension

<Translation>

TTMIK Movie Talk

Introduction

A seven-year-old living in the city, "Hyunwoo", ends up staying with his grandmother, who is living by herself at her countryside house. "Hyunwoo"

does not really like his boring grandmother, who can't speak and can't read. He plays pranks on his grandmother and gives her a hard time every day, but she loves "Hyunwoo" more than anyone else. What memories will "Hyunwoo" and her grandmother make?

★★★★★ 10 It reminded me of my grandmother who passed away, so I cried a lot. I should have been nicer to her...

★★★★★ 10 Grandmother, grandfather, father, and mother, I love you.

★★★★★ 10 Honestly, I found that family movies were all similar, ____㉠____.

★★★★★ 10 Needless to say, the best family movie.

★★★★☆ 9.5 The chicken dish the grandmother made looked delicious. I would like to try it. The movie was good.

10. b   11. c   12. b   13. a

Section III - Listening Comprehension

<Transcript>

(박수 소리)

진행자: 안녕하세요, 여러분. 지금 많은 분들이 눈물을 닦고 계시는데요. (웃음) 감독님과 한번 이야기해 볼까요? 질문 있으신 분은 손을 들어 주세요.

관객: 안녕하세요, 감독님. 영화 잘 봤습니다. 먼저, 이렇게 따뜻한 영화를 만들어 주셔서 감사합니다. 영화에서 '현우'가 일곱 살이던데, 아이의 나이를 일곱 살로 한 이유가 궁금합니다.

감독: 아, 간단해요. 일곱 살 아이들이 가장 말을 안 듣잖아요. 말도 잘하고요.

관객: 하하, 그렇군요. 그리고 영화에 나오는 할머니께서 말을 못 하시던데, 실제로도 말을 못 하시는 분인가요?

감독: 그건 아닙니다. 사실은, 할머니께서 배우가 아니세요. 그래서 연기가 어색할까 봐, 말을 못 하는

주인공으로 설정했습니다. 실제로는 말씀 아주
잘하십니다. (웃음)

관객: 그리고 '현우'가 치킨을 먹고 싶다고 했는데 할머
니께서 치킨을 모르시는 게 정말 재미있더라고
요. 그런 이야기는 어떻게 생각하셨어요?

감독: 하하, 다들 그 부분에 대해서 많이 물어보시던데,
제 실제 경험이에요. 제가 어렸을 때 정말 작은
시골 마을에서 살았거든요. 닭은 많이 먹어 봤지
만 우리가 다 아는 '치킨'은 시골에 없었어요. 대
학생 때 서울에 처음 와서 그렇게 맛있는 음식이
있다는 걸 알게 됐죠.

(clapping)

MC: Hello, everyone. A lot of people are now wip-
ing away their tears. *(laughing)* Shall we have a
talk with the director? Please raise your hand
if you have a question.

Audience: Hello, Director. I enjoyed watching the
movie. First of all, thank you for mak-
ing such a warm movie. In the movie,
"Hyunwoo" was seven years old. I won-
der why you set the child's age as seven.

Director: Oh, that's simple. That's because seven-
year-old kids are the most naughty, as you
know. They also speak well.

Audience: Haha, I see. Also, the old woman in the
movie couldn't speak. Is she not able to
speak in real life as well?

Director: That's not true. Actually, the old woman
is not an actress. Therefore, I was worried
that her acting might be awkward, so I
set up the main character to be not able
to speak. She speaks very well in real life.
(laughing)

Audience: Also, I found it really fun when "Hyun-
woo" said he wanted to eat fried chicken,
but his grandmother didn't know what it
was. How did you come up with such an
episode?

Director: Haha, everyone asked me a lot about that
part. That's my real experience. I lived in a

really small town in the countryside when
I was little. I've had chicken a lot, but the
fried chicken we all know didn't exist in
the country. When I came to Seoul for the
first time when I was a university student,
I got to know the fact that there was such
delicious food.

14. a   15. c

Section IV - Dictation

16. 돌아온다던데요

17. 지나가던데

18. 캐나다라던데요

Section V - Speaking Practice

준배: 혹시 주연 씨 한국 돌아왔어요?

[혹씨 주연씨 한국 도라와써요?]

윤아: 아니요. 다음 달에 돌아온다던데요.

[아니요. 다음따레 도라온다던데요.]

준배: 그래요? 어제 사무실 앞을 지나가던데...

[그래요? 어제 사무실 아플 지나가던데...]

윤아: 잘못 봤겠죠. 아직 캐나다라던데요.

[잘몯 봗껟쪼. 아직 캐나다라던데요.]

Joonbae: By any chance, is Jooyeon back in Korea?

Yoona: No. I heard that she's coming back next
month.

Joonbae: Is that so? I thought I saw her pass by our
office yesterday.

Yoona: You must have been mistaken. I heard she's
still in Canada.

Lesson 13

Section I - Complete the Sentence

Example answers:

1. 오늘 커피를 많이 마셔서 <u>안 졸리네요</u>

오늘 커피를 많이 마시는 바람에 <u>아직도 잠이 안 와요</u>

2. 아침에 늦게 일어나서 기분이 좋았어요

   아침에 늦게 일어나는 바람에 수업에 지각했어요

3. 컴퓨터가 고장 나서 새 컴퓨터를 샀어요

   컴퓨터가 고장 나는 바람에 숙제를 못 했어요

4. 갑자기 비가 와서 우산을 샀어요

   갑자기 비가 오는 바람에 옷이 다 젖었어요

5. 밤에 창문을 열고 자서 시원했어요

   밤에 창문을 열고 자는 바람에 감기에 걸렸어요

6. 잠옷 바람으로

7. 바람을 넣어서

8. 무슨 바람이 불어서

9. 바람 좀 쐬고

10. 바람맞은

Section II - Reading Comprehension

<Translation>

Finally, I'm going to Hawaii! For the past three months, Dahye kept tempting us to go to Hawaii, so we decided to go altogether. Actually, yesterday was the day when we decided to depart, but a lot of things happened. Our flight was going to depart at 8:35 in the evening, so we decided to meet by 5:30 at the airport, and Sohee didn't come. So, we called her, and she said that she left a little late because she read the clock wrong. Fortunately, Sohee arrived 10 minutes later, and we stood in line to check in. However, this time, Kyung-hwa said she didn't bring her passport. So, she wasn't able to enter to take the flight, and she had to go back home alone. The rest of us checked in, entered, and waited to take the flight. But then suddenly it rained a lot, so the takeoff was delayed about half an hour. And when 30 minutes passed, there was an announcement that said the flight couldn't depart at all because there was something wrong in the airplane. Therefore, we all had to go back home, and we wound up coming to the airport again today like this. Fortunately, we were able to get on the plane without any problem altogether.

July 28th, 20XX

in the flight taking off to Hawaii

11. c   12. c   13. b

Section III - Listening Comprehension

<Transcript>

남자: 나 오늘부터 고기 안 먹을 거야.

여자: 뭐? 무슨 바람이 불어서 갑자기 채식이야? 너 샐러드도 잘 안 먹잖아.

남자: 어제 어떤 동영상을 봤거든. 동물들이 너무 불쌍하더라고.

여자: 왜 불쌍해? 강한 동물이 약한 동물을 먹는 건 당연한 거야.

남자: 그게 왜 당연해? 그리고 사람들이 고기를 많이 먹어서 환경도 안 좋아지는 거래. 그래서 나 이제 소고기, 돼지고기, 닭고기 다 안 먹고, 생선도 안 먹기로 했어.

여자: 그거 다 거짓말이야. 환경이랑 상관없어. 일회용품을 안 쓰면 돼.

남자: 상관있거든?

여자: 어떻게 동영상 하나만 보고 바로 그렇게 믿어? 그러지 말고, 나랑 오늘 삼겹살 먹으러 가자.

남자: 싫어! 나랑 같이 채식하자.

여자: 싫어! 삼겹살 먹으러 가자~ 우리가 좋아하는 그 식당 가서 삼겹살을 치~익 구워 먹는 거야! 진짜 맛있겠지? 어때?

남자: 아 진짜, 싫다니까!

Man: I'm not going to eat meat from today.

Woman: What? Why are you going vegetarian all of a sudden? You don't even eat salad that often.

Man: I saw some video yesterday. I felt sorry for the animals.

Woman: Why did you feel sorry? It's obvious that strong animals eat weak animals.

Man: How is it obvious? Also, they say the environment is going bad because people eat meat too much. So, I decided not to eat beef, pork, chicken, and even fish.

Woman: That's all a lie. It's nothing related to the environment. You can just not use single-use products.

Man: It is related.

Woman: How do you believe like that after only watching one video? Come on, let's go eat samgyeopsal today.

Man: No! Let's go vegetarian together.

Woman: No! Let's go eat samgyeopsal! We're going to that restaurant we like, then grilling samgyeopsal and eating it! Doesn't that sound really good? What do you say?

Man: Oh man, I said no!

14. b   15. a, d

Section IV - Dictation

16. 잘못 타는 바람에

17. 집에 두고 오는 바람에

Section V - Speaking Practice

예지: 준배 씨, 늦어서 미안해요. 버스를 잘못 타는 바람에...]
    [준배씨, 느저서 미안해요. 버스를 잘못타는바라메...]

준배: 아, 그랬군요. 전화했는데 안 받아서 걱정했어요.
    [아, 그랟꾼뇨. 전화핸는데 안바다서 걱쩡해써요.]

예지: 핸드폰을 집에 두고 오는 바람에
    [핸드포늘 지베 두고오는 바라메]
    연락할 방법이 없었어요.
    [열라칼 방버비 업써써요.]
    많이 기다렸죠?
    [마니 기다렫쪼?]

준배: 아니에요. 괜찮아요.
    [아니에요. 괜차나요.]

Yeji: Joonbae, I'm sorry I'm late. I got on the wrong bus, so...

Joonbae: Oh, I see. I was worried since you didn't answer my call.

Yeji: I left my phone at home, so there was no way to contact you. Have you been waiting long?

Joonbae: No, I haven't. It's okay.

Lesson 14

Section I - Fill in the Blank

1. 아직도 안 왔다니

2. 또 거짓말을 하다니

3. 이걸 혼자 다 하라니

4. 보람 씨 이사 간 집은/집이 회사에서 가깝다니 (Using 새집 instead of 이사 간 집 is also correct.)

5. 이미/벌써 한국을 떠났다니

6. 범인이 아니라니

7. 이 날씨에 에어컨을 켜지 말라니

8. 8월에 눈이 오다니

9. 익히지(도) 않고 먹는다니 or 안 익히고 먹는다니

10. 이 작은 가방이 백만 원이라니

11. 팔 굽혀 펴기를 100개 하라니

12. 캐시 씨가 배우였다니

Section II - Reading Comprehension

<Translation>

Jason: I... have decided to go back to Australia next month.

Me: (I cannot believe that) _____ ㉠ _____ all of a sudden. What are you talking about?

Jason: That's just what happened. I don't think I'll be able to get a visa because I haven't been able to find a job yet.

Me: You can stay with a travel visa, can't you?

Jason: You know, I can stay only for three months with a travel visa.

Me: It expires in three months, but you can renew your travel visa if you come back from a short trip to another country.

Jason: But it costs a lot.

Me: That's true... Then have you thought about a working holiday visa?

Jason: Working holiday? What's that?

Me: _____ ㉡ _____
    Working holiday is you literally working as you travel.
    I also stayed in Australia for two years with my

working holiday visa!

Jason: Really? Wow... _____©_____ So cool!

Me: Isn't it? By the way, how old are you?

Jason: I'm 29 years old.

Me: That's a relief because you can only get this visa until 30.

I'll also look for a place for you where you can work. You'll be able to find one!

Jason: Thanks a lot! I've done a lot of part-time jobs, so I can do anything!

13. a   14. d   15. c   16. b

Section III - Listening Comprehension

<Transcript>

리포터: 안녕하세요, 여러분! 오늘은 요즘 가장 인기 있는 배우 이은정 씨를 만나러 왔습니다! 안녕하세요, 이은정 씨!

배우: 안녕하세요. 배우 이은정입니다.

리포터: 네, 요즘 정말 바쁘실 것 같은데요. 영화 개봉한 달 만에 벌써 천만 명이 봤다고 하던데, 정말 축하합니다! 기분이 어떠세요?

배우: 고맙습니다. 정말 기쁘면서도 당황스러워요. 그 소식을 들었을 때 감독님한테 "네? 천만 명이요? 천 명이 아니고요?"라고 했어요. 그리고 자기 전에 침대에 누워서도 계속 "천만 명이라니... 천만 명이 넘는 사람들이 내가 나온 영화를 봤다니..." 라고 열 번은 말한 것 같아요. 이게 꿈인지 생시인지...

리포터: 하하, 너무 귀여우세요. 신인이시고, 천만 영화는 처음이시니까 그럴 만합니다. 그래도 이은정 씨 연기를 보면 전혀 신인 배우 같지 않은데요. 연기 연습은 어떻게 하세요?

배우: 감사합니다. 음... 저는 제가 맡은 역할을 완전히 이해하기 위해서 평소 제 생활도 그 역할이 하는 대로 하고, 그 사람의 직업이나 성격을 똑같이 따라 해요. 이런 저를 보고 제 친구들은 좀 무섭다고 하더라고요. 하하...

리포터: 갑자기 다른 사람처럼 행동하면 좀 무서울 것 같기는 하네요. 혹시 지금 준비하고 계시는 역할도 있나요?

배우: 네, 유승완 감독님의 로맨스 영화 주인공을 맡게 돼서 준비하고 있어요. 열심히 준비하고 있으니까 많이 기대해 주세요.

리포터: 이은정 씨의 로맨스 영화라니, 정말 기대됩니다! 오늘 인터뷰 정말 감사합니다.

Reporter: Hello, everyone! Today, I'm here to meet the most popular actress these days, Eunjeong Lee. Hello, Eunjeong Lee!

Actress: Hello, I'm actress Eunjeong Lee.

Reporter: Yeah, I guess you are really busy these days. I heard that already ten million people have seen the movie only a month after the release. Congratulations! How do you feel?

Actress: Thank you. I'm happy and bewildered. When I heard the news, I said, "Sorry? Not a thousand but ten million people?" to the director. Also, in bed before I slept, I think I kept saying, "Ten million? (I can't believe the fact that) over ten million saw the movie I was in." like at least ten times. I don't know whether this is a dream or reality.

Reporter: Haha, you're so cute. You are a rookie, and it was your first movie that recorded over 10 million, so that's understandable. But still, when I watch your acting, you don't look like a rookie at all. How do you practice acting?

Actress: Thank you. Hmm... In order to understand my character completely, I live my life on a daily basis like the character does, and I follow the character's job or personality exactly the same. Looking at me like this, my friends said that I'm a bit scary. Haha.

Reporter: If you act like a different person all of a sudden, I think you will be a little scary, indeed. Is there a character you are preparing for at the moment by any chance?

Actress: Yes, I get to play the lead character in
director Seung-wan Yu's romance movie,
so I'm preparing. I'm working on it hard, so
please look forward to it a lot!

Reporter: Eunjeong Lee's romance movie! I'm re-
ally looking forward to it! Thank you very
much for the interview today.

17. b   18. b   19. c

Section IV - Dictation

20. 다 했는데 휴강이라니

21. 과제를 제출하라니

Section V - Speaking Practice

도윤: 오늘 수업 휴강이래요.

　　[오늘 수업 휴강이래요.]

다혜: 네? 과제 다 했는데 휴강이라니!

　　[네? 과제 다핸데 휴강이라니!]

도윤: 아, 걱정하지 말아요. 과제는 온라인으로 제출하래요.

　　[아, 걱쩡하지 마라요. 과제는 올라이느로 제출하래요.]

다혜: 뭐라고요?

　　[뭐라고요?]

　　휴강인데 과제를 제출하라니 너무하네요.

　　[휴강인데 과제를 제출하라니 너무하네요.]

도윤: 과제 다 했다면서요?

　　[과제 다 핸따면서요?]

Doyoon: They say that today's class is canceled.

Dahye: What? I completed my assignment, and the
class is canceled! Unbelievable.

Doyoon: Oh, no worries. They told us to submit it
online.

Dahye: What did you say? Telling us to submit the
assignment even though the class is canceled
is so mean.

Doyoon: But you said you finished your assignment.

Lesson 15

Section I - Comprehension

1. ⓐ 꼬마야, 넌 몇 살이니?

2. ⓐ 우리 딸, 밥은 먹었니?

3. ⓒ 너 또 거짓말이니?

4. ⓓ 나 오늘 왜 이렇게 예쁘니?

5. ⓑ "여우야, 여우야, 뭐 하니?"

6. ⓒ 야, 너 왜 자꾸 이랬다 저랬다 하니?

7. ⓓ 나 뭐라고 하는 거니?

8. ⓐ 엄마 어디 계시니?

9. ⓑ "나의 반쪽을 채워 줄 너는 어디 있는 거니?"

Section II - Reading Comprehension

<Translation>

**Knock knock! Can you please take a look at this
for a second?**

Do you still hang out like this?

- Going to noraebang

- Playing games

- Watching movies

- Going to cafes

We hang out like this!

- Stargazing

- Listening to bird sounds

- Looking up the name of the plants

- Getting rained on during a rainy day

**What do you think? Don't you also want to hang
out with us?**

- We are people who love and enjoy nature! Don't
you also want to hang out with nature?

- If you would like to join our club, send your
name/major/introduction to this number,
010-5XX5-X55X by August 31st! We'll be waiting!

Ja-Yeon-Sa-Rang (Nature Love)	nature loving club

10. a   11. c

Section III - Listening Comprehension

\<Transcript>

여자1: 어머! 내 정신 좀 봐. 나 왜 이러니?

여자2: 왜 그래?

여자1: 오늘 우리 발표 자료가 있는 USB를 집에 놔두고 왔어.

여자2: 뭐라고? 너 진짜 제정신이니?

여자1: 미안. 지금 집에 가서 가지고 올게.

여자2: 지금 집에 갔다 오기에는 이미 늦지 않았어? 아! 나 학점 잘 받아야 되는데!

여자1: 어떡하지. 정말 미안. 아! 나 진짜 왜 이렇게 멍청하니? 아, 잠깐만! 내가 내 메일로 보낸 것 같기도 하고...

여자2: 왜 그걸 이제 말하니? 빨리 확인해 봐.

여자1: (잠시 후) 아! 휴, 다행이다. 메일에 있어. 어휴, 나 왜 이렇게 똑똑하니?

여자2: 뭐? 똑똑하다고? 5초 전에 멍청하다고 하지 않았니?

여자1: 히히. 아무튼 정말 다행이다, 그치?

Woman1: Oops! What's wrong with me? What am I thinking?

Woman2: What happened?

Woman1: I left the USB that has our presentation material for today at home.

Woman2: What did you say? Seriously, are you even in your right mind?

Woman1: Sorry. I'll go home now and bring it.

Woman2: Isn't it already late to go home to bring it now? Argh, I need to get a good grade!

Woman1: What should I do? I'm really sorry. Argh, why am I so stupid? Oh, wait! I might have sent it my own e-mail.

Woman2: Why are you telling me now? Check quickly.

Woman1: (a little later) Oh! Whew! What a relief! It's in my mailbox. Phew! Why am I so smart?

Woman2: What? You said you are smart? Didn't you say you are stupid five seconds ago?

Woman1: Hehe. It's a big relief anyway, right?

12. a, b, c   13. c

Section IV - Dictation

14. 청소 언제 했니

15. 깨끗한 거 아니니

16. 뭐라고 하는 거니

Section V - Speaking Practice

소희: 너 청소 언제 했니? 방이 이게 뭐야.

　　[너 청소 언제 핸니? 방이 이게 뭐야.]

두루: 왜? 이 정도면 깨끗한 거 아니니?

　　[왜? 이정도면 깨끄탄거 아니니?]

소희: 뭐라고 하는 거니? 먼지가 이렇게 많이 쌓여 있는데.

　　[뭐라고 하는거니? 먼지가 이러케 마니 싸여인는데.]

두루: 아이참, 너 가면 청소할 거야.

　　[아이참, 너 가면 청소할꺼야.]

Sohee: When did you last clean the room? Look at this mess!

Duru: Why? Isn't this clean?

Sohee: What are you talking about? Look how much dust has piled up.

Duru: Give me a break. I am going to clean it after you leave.

Lesson 16

Section I - Complete the Sentences

1. 부드럽게

2. 만지게

3. 크게

4. 나지 않게

5. 일어날 수 있게 or 일어나게

6. 이상하게

7. 넘어지지 않게

8. 실수하지 않게

9. 지킬 수 있게

Section II - Reading Comprehension

<Translation>

People in their 20s these days, "what I would like to do is most important"

"Those who are in their 20s these days are somewhat different", say people in their 40s and 50s. The young generation is characterized by knowing what they want exactly and consuming accordingly because they have definitely different thoughts from the previous generation. The following is the results of research conducted on 1,000 people in their 20s on how they want to live and how they consume.

"How would you like to live?"
I want to live freely. (49%)
I want to live simply. (33%)
I want to live meaningfully. (7%)
I want to live differently from others. (7%)
I want to live eagerly. (4%)

"What do you consider important when you buy things?"
1. How pretty its design is
2. How practical it is
3. How environmentally friendly it is
:
:
10. How cheap it is

10. b   11. c

Section III - Listening Comprehension

<Transcript>
12.
A: 마트 가서 뭐 살지, 잊어버리지 않게 적어 놓으세요.
A: Write down what you're going to buy at the supermarket so that you don't forget.

13.
A: 생일 파티 하게 점심 먹고 회의실로 오세요.
A: Come to the meeting room after lunch so that we can have a birthday party.

14.
A: 더 잘 보이게 포스터를 여기에 붙이는 건 어때요?
A: How about putting up the poster here so that people can see it more easily?

12. a   13. c   14. d

Section IV - Dictation
15. 모기 물리지 않게
16. 가져가도 되겠죠
17. 감기 걸리지 않게

Section V - Speaking Practice
경은: 두루 씨, 내일 캠핑 간다고 했죠?
　　　[두루씨, 내일 캠핑간다고 핸쪼?]
　　　이 모기약 가져가세요, 모기 물리지 않게.
　　　[이 모기약 가저가세요, 모기 물리지안케.]
두루: 고마워요.
　　　[고마워요.]
　　　근데 여름이니까 반바지만 가져가도 되겠죠?
　　　[근데 여르미니까 반바지만 가져가도 되겓쪼?]
경은: 여름이어도 밤 되면 추울 거예요.
　　　[여르미어도 밤되면 추울꺼예요.]
　　　감기 걸리지 않게 긴 옷도 가져가세요.
　　　[감기 걸리지안케 긴 옫또 가져가세요.]
두루: 아, 그럴 수도 있겠네요. 고마워요.
　　　[아, 그럴쑤도 읻껜네요. 고마워요.]

Kyeong-eun: Duru, you said you are going camping tomorrow, right? Take this mosquito repellent so that you don't get bit by mosquitoes.
Duru: Thanks. Hey, since it's summer, it will be okay if I just take shorts, right?
Kyeong-eun: Even though it's summer, it will get cold at night. Take pants and long sleeves so

that you don't catch a cold.

Duru: Ah, maybe you're right. Thanks.

Lesson 17

Section I - Complete the Dialogue

1. (수업을) 꼭 들어야 된다기보다는(는)
2. 있었다기보다는(는)
3. 미국이 (많이) 그립다기보다는(는)
4. (고기를) 못 먹는다기보다는(는)
5. 달린다기보다는(는) or 뛴다기보다는(는)
6. 사러 간다기보다는(는)
7. 어려운 일이라기보다는(는)
8. 맛이 없다기보다는(는)

Section II - Reading Comprehension

<Translation>

Spend winter warm!
TTMIK Heater

The TTMIK Heater is small and convenient!
You can use the TTMIK heater in a small place because it is made to be the size of about two books.

The TTMIK Heater is warm!
The size of the TTMIK Heater is small, but it even makes a big room warm!

The TTMIK Heater is quiet!
The TTMIK Heater does not make noisy sounds, so you can use it in quiet places like a library or office.

Caution!
- Please keep watch on children so that they do not touch it!
- A fire can break out if you use it too close to you, so be careful!

9. d   10. c   11. b

Section III - Listening Comprehension

<Transcript>

여자: 오늘은 배우 황도윤 씨를 만나 보겠습니다. 황도윤 씨, 안녕하세요!

남자: 네! 시청자 여러분, 안녕하세요! 배우 황도윤입니다.

여자: 황도윤 씨, 실제로 뵈니까 더 멋있으시네요.

남자: 감사합니다. 부끄럽네요.

여자: 하하. 황도윤 씨 기사 사진들을 보면 지금처럼 코를 만지고 계시는 사진이 많더라고요. 보통 부끄러울 때 코를 만지시나 봐요.

남자: 부끄러울 때 만진다기보다는... 긴장하면 코를 만지는 것 같더라고요. 저도 몰랐어요. 하하.

여자: 요즘 찍고 계시는 영화가 있다고 들었는데 어떤 영화인가요?

남자: <우리 병원>이라는 영화인데요, 저는 아주 차가운 성격의 의사로 나와요. 그런데 병원에서 재미있는 친구들을 만나게 돼서, 점점 성격이 달라진다는 내용입니다.

여자: 그렇군요. 황도윤 씨 실제 성격은 어때요? 차가운 편이라고 생각하세요?

남자: 제 실제 성격은... 차갑다기보다는 세상에 무관심한 편이에요.

여자: 아! 차가운 성격이라고 오해하시는 분들도 계셨겠네요.

남자: 네, 맞아요. 차가운 거랑 무관심한 것은 비슷하긴 하지만 조금 다른 것 같아서 연기할 때 그 부분을 잘 표현하기 위해 노력하고 있습니다.

여자: 황도윤 씨의 새 영화 기대하고 있겠습니다.

남자: 네, 열심히 찍고 있으니까 기대 많이 해 주세요! 감사합니다.

Woman: Today, I'm going to meet the actor, Doyoon Hwang. Hello, Doyoon Hwang!

Man: Yeah, hello all the viewers! I'm actor Doyoon Hwang.

Woman: Mr. Doyoon Hwang, you look more awesome in person.

Man: Thank you. I'm embarrassed.

Woman: Haha. I found out that there are a lot of

article pictures of you where you were touching your nose like you are doing right now. I guess you touch your nose when you're embarrassed.

Man: It's not really that I touch it when I'm embarrassed, but rather, I think I touch it when I'm nervous. I didn't even know that.

Woman: I heard that you're filming a movie these days. What kind of movie is that?

Man: It's a movie named *Our Hospital*. I play a very cold doctor. However, it's a story where the personality of my character gradually changes after he gets to know fun friends at the hospital.

Woman: I see. What's your actual personality? Do you consider yourself cold?

Man: My actual personality is... rather than being cold, I tend to be indifferent to the world.

Woman: Oh! I bet there must have been people who misunderstood that you were cold.

Man: You're right. Being cold and being indifferent are similar, but I think they are a little different, so I'm trying hard to express that part well when I play.

Woman: I'll be looking forward to your new movie.

Man: Yeah, I'm working hard on filming, so please look forward to it! Thank you.

12. T   13. F   14. F   15. F

Section IV - Dictation

16. 많이 먹는다기보다
17. 살을 빼고 싶다기보다

Section V - Speaking Practice

경은: 주연아, 나 너무 많이 먹지 않니?
　　　[주여나, 나 너무 마니먹찌안니?]
주연: 언니는 많이 먹는다기보다 먹는 걸 즐기는 거죠.
　　　[언니는 마니멍는다기보다 멍는걸 즐기는거조.]
경은: 그런가? 아, 나 운동도 좀 해야 되는데...
　　　[그런가? 아, 나 운동도 좀 해야되는데...]

주연: 언니 날씬한데요?
　　　[언니 날씬한데요?]
경은: 살을 빼고 싶다기보다 건강을 위해서 운동을 해야 될 것 같아.
　　　[사를 빼고십따기보다 건강을 위해서 운동을 해야 될껀 가타.]

Kyeong-eun: Jooyeon, don't you think I eat too much?

Jooyeon: It's not really that you eat a lot, you just enjoy eating.

Kyeong-eun: Is it? Ah, I need to exercise as well.

Jooyeon: But you're slim!

Kyeong-eun: It's not really that I want to lose weight, but I think I should exercise for my health.

Lesson 18

Section I - Comprehension

1. b   2. a   3. c   4. b
5. a   6. b   7. b   8. c

Section II - Reading Comprehension

<Translation>
Finally, next week I am going to Jeju Island. Jeju Island is an island in the southern part of Korea. I have not even been to Korea, let alone Jeju Island, so I am really looking forward to this trip.

To be honest, I do not like traveling. Therefore, when I said that I would go to Jeju Island, everyone was surprised and said to me,

"Did you say you were going to Jeju Island? What happened? You don't even leave your house, let alone travel."

(ⓐ) However, since I've only stayed home for so long, I got to feeling stuffy. I came to feel like meeting friends more often and traveling. (ⓑ) It is that my friend, who listened to this story, invited me over to Jeju Island where she is living.

I was a little worried when I applied for leave at my company for the trip to Jeju because everyone is busy as there is a lot of work these days. I thought they would dislike it when I told them I would take a vacation. However, rather than being unhappy, everyone was happy for me when I told them I would travel. (©)

"You're going on a trip? Good idea. Eat lots of delicious food and have fun!"

I was really grateful. (ⓓ) I guess I will definitely have to get gifts for my co-workers from Jeju Island.

9. a   10. c   11. c

Section III - Listening Comprehension

\<Transcript>

남자: 소연 씨, 다음 주에 뭐 해요?

여자: 저 TTMIK 콘서트 가요!

남자: TTMIK 콘서트요? TTMIK 한국 가수죠? 소연 씨 언제부터 케이팝 좋아했어요?

여자: 아... 저는 사실 케이팝은커녕 음악 자체에도 관심이 별로 없었는데, 지난번에 친구가 보여 준 TTMIK 무대 영상 보고, 케이팝에 완전 빠졌어요.

남자: 와, 그렇군요. 요즘 TTMIK 인기가 정말 많은 것 같아요.

여자: 맞아요. TTMIK은 말할 것도 없고, 석다혜, 김지나, 케이팝 가수들 다 인기가 많아요.

남자: 제 주변에도 한국 가수가 좋아서 한국으로 여행 간다고 하는 친구도 있어요. 윤아 씨도 다음 주에 김지나 콘서트 보러 한국 간다던데... 케이팝 가수들이 도대체 왜 이렇게 인기가 많은 거예요?

여자: 다들 노래는 물론이고 춤도 정말 잘 추거든요. 준배 씨도 TTMIK 무대 영상 한 번만 보면 사람들이 왜 좋아하는지 바로 알 수 있을 거예요. 제가 보여 줄게요.

Man: Soyeon, what are you doing next week?

Woman: I'm going to a TTMIK concert!

Man: TTMIK concert? TTMIK is a Korean band,

right? Since when did you like K-pop?

Woman: Um... Actually, I was not even interested in music itself, let alone K-pop, but last time, my friend showed me a TTMIK stage performance video, and I completely fell for K-pop.

Man: Wow, I see. It seems that TTMIK is really popular these days.

Woman: That's right. Not just TTMIK, all K-pop singers like Dahye Seok, Jina Kim are really popular.

Man: Around me, I also have a friend who says he will travel to Korea because he likes Korean singers. I heard that Yoona is also going to Korea next week to go to a Jina Kim concert. Why on earth are K-pop singers so popular?

Woman: Because they are all even good at dancing, let alone singing. If you check out a TTMIK stage performance video even just once, you will be able to find out right away why people like them. Let me show you.

12. c   13. d

Section IV - Dictation

14. 잘 보기는커녕

15. 장학금은커녕

Section V - Speaking Practice

현우: 보람 씨, 시험 잘 봤어요?

　　[보람씨, 시험 잘 봐써요?]

보람: 잘 보기는커녕 다 풀지도 못 했어요.

　　[잘 보기는커녕 다 풀지도 모태써요.]

현우: 그렇게 어려웠어요?

　　[그러케 어려워써요?]

보람: 네. 장학금은커녕 합격도 어려울 것 같아요.

　　[네. 장학끄믄커녕 합껵또 어려울껟 가타요.]

Hyunwoo: Boram, did you do well on the exam?

Boram: I couldn't even solve all the questions, let alone do well.

Hyunwoo: Was it that hard?

Boram: Yes. I'm not sure if I'll even pass, let alone receive a scholarship.

Lesson 19

Section I - Complete the Dialogue

1. 밤을 새워서라도
2. 돈을 빌려서라도
3. 아르바이트를 해서라도
4. 약속을 취소해서라도
5. 지구 전체를 다 뒤져서라도
   (밤을 새서라도 is also possible.)

Section II - Reading Comprehension

<Translation>

TTMIK Times

Apartment Prices in Seoul City Went up Too High... Young People Say "Should I Even Have to Get a Loan to Buy a House?"

Apartment prices in Seoul city are going up continuously. As apartment prices went up a lot abruptly, it became especially harder for young people or newlyweds to buy a house. According to the research conducted by TTMIK News, 67% of young people in their 30s who would like to live in Seoul said that they were going to buy a house in Seoul even if they have to get a loan. OO Kim in their 30s, who lives in Seoul, said "I really want to do whatever it takes to buy a house", and "However, I'm concerned because the houses are too expensive." XX Park in their 20s, who lives in Gyeonggi Province, said "I bought a house in Gyeonggi Province, which is near Seoul, because the apartment prices in Seoul are too expensive", and "However, it became too far between my workplace and my house, so I'm planning to move to Seoul next year even if I have to bend over

backward." "I want to cry because the prices are too expensive", said XX Park.

6. c   7. T   8. F   9. T   10. F

Section III - Listening Comprehension

<Transcript>

남자: 안녕하세요! 저는 지금 40년 동안 한 자리에서 빵집을 운영하고 계신 김지나 사장님을 만나러 왔습니다. 사장님은 매일 새벽 4시에 출근해서 빵을 만드신다고 하는데요. 사장님, 그러면 몇 시에 일어나시는 거예요?

여자: 3시쯤 일어나요. 손님들의 출근길에 따뜻한 빵을 드리려면 4시에는 출근을 해야 되거든요.

남자: 3시에 일어나신다고요? 그럼 몇 시에 주무시는 거예요?

여자: 요즘은 저녁 8시나 9시쯤에 자요. 처음 이 일을 시작했을 때는, 밤을 새우는 날도 많았어요.

남자: 와! 정말 대단하십니다. 그렇게 40년 동안 하신 거예요?

여자: 네. 밤을 새워 일해서라도 손님들께 좋은 빵을 드리고 싶어요. 제가 만든 빵이 손님들의 하루에 기쁨을 준다고 생각하면 정말 기분이 좋거든요.

남자: 사장님의 그런 노력 덕분에, 아침부터 손님들이 줄을 서서 빵을 사 가시나 봐요.

여자: 제가 혼자 빵을 만드니까 주말에는 손님들이 몇 시간 동안 기다리시기도 해요. 그럴 때는 정말 죄송하죠.

남자: 저도 사장님이 만드신 빵을 먹어 본 적이 있는데요. 하루 종일 기다려서라도 먹고 싶은 맛이었어요.

여자: 그렇게 말씀해 주시니까 너무 감사하네요. 앞으로도 맛있는 빵을 열심히 만들겠습니다.

Man: Hello! I'm here to meet the owner Jina Kim, who has been running a bakery at the same place for 40 years. I heard that she comes to work at 4 a.m. every day and makes bread. Jina, then what time do you get up?

Woman: I get up around 3 because I have to get to

work by 4 in order to provide warm bread on my customers' way to work.

Man: You get up at 3? Then, what time do you go to bed?

Woman: I go to bed around 8 or 9 these days. When I first started this work, I often stayed up all night.

Man: Wow! That's really impressive. Have you been doing it like that for 40 years?

Woman: Yes. I would like to provide good bread to my customers even if I have to stay up all night working. When I think that the bread that I made gives happiness to my customers' day, I feel really happy.

Man: I guess the customers wait in line to buy bread early in the morning thanks to your effort.

Woman: Since I make the bread by myself, my customers sometimes wait for a few hours on the weekend. I feel really sorry then.

Man: I've also tried the bread you made. It was a taste that I want to try even if I have to wait all day long.

Woman: Thank you so much for saying that. I'll make delicious bread diligently in the future as well.

11. a   12. b

Section IV - Dictation

13. 무슨 수를 써서라도
14. 어떻게 해서라도 꼭 갈 거야

Section V - Speaking Practice

승완: 벌써 네 시네.

[벌써 네시네.]

희주야, 일이 아직도 이렇게 많이 남았는데

[히주야, 이리 아직또 이러케 마니 나만는데]

이따가 콘서트 갈 수 있을까?

[이따가 콘써트 갈쑤 이쓸까?]

희주: 갈 수 있어!

[갈쑤 이써!]

무슨 수를 써서라도 퇴근 시간 전에 다 끝내자!

[무슨 수를 써서라도 퇴근시간 저네 다 끈내자!]

승완: 하... 아무리 생각해도 여섯 시까지는 못 끝낼 것 같아.

[하... 아무리 생가캐도 여섣씨까지는 몯끈낼껃 가타.]

그냥 콘서트 포기하자.

[그냥 콘써트 포기하자.]

희주: 안 돼. 난 포기할 수 없어. 어떻게 해서라도 꼭 갈 거야!

[안돼. 난 포기할쑤 업써. 어떠케 해서라도 꼭 갈꺼야!]

Seung-wan: It's already 4 o'clock. Heeju, we still have this much work left. Do you think we will be able to go to the concert later?

Heeju: We will! No matter what we have to do, let's finish everything before we clock out!

Seung-wan: Phew... No matter how much I think about it, I don't think we will be able to finish by 6. Let's just give up on the concert.

Heeju: No way. I can't give up. I will go no matter what.

Lesson 20

Section I - Complete the Dialogue

1. a   2. c   3. b   4. c   5. b

Section II - Reading Comprehension

\<Translation\>

TTMIK cake that was more like artwork rather than cake

Yeji   November 20, 20XX, 18:00

I decided to order a birthday cake for Hanna with Dahye and Jina. I always used to buy birthday cakes from a nearby cake shop, but I wanted to try ordering a special cake this time. So, I found a place where they make a cake the way I want and ordered one. It was harder to find such a place than I thought, and it was complicated to order, but I was so excited when I was thinking about Hanna, who will be happy. However, the shop contacted me the day before Hanna's birthday. She said that she could not make the cake because she was sick. She kept apologizing, but we were worried that we would not even be able to buy a regular cake, let alone a special cake, because she let us know just a day before.

> Dahye: Cancellation a day before? ㅠㅠ
>
> Yeji: Tell me about it. What should we do? I don't think there's a place where we can order now and receive the cake tomorrow. Shall we just buy one in the neighborhood?
>
> Jina: I guess we should do what we used to do. It's too late to find another place now, right?
>
> Yeji: Yeah, I think it'll be too late if we start searching now.
>
> Jina: Still, let me Google real quick.

our conversation feeling panicked

We gave up on a made-to-order cake and were thinking that we had no choice but to buy a regular cake at a shop nearby, but Jina managed to find a place where we could receive the cake just a day after ordering. I was not expecting much because it was the place that we found in a hurry, but the cake we received the next day was the prettiest cake that I had ever seen. Hanna really liked it as soon as she saw it, saying that it looked like artwork.

Also, not only was it pretty, but the taste was also really good. Hanna said that it was too pretty to eat, but she enjoyed eating it. The price of the cake was a little expensive, but it was really pretty and

delicious, so I think I will order a cake here next time as well.

6. b   7. c   8. d

Section III - Listening Comprehension

<Transcript>

여자: 준배 씨, 여기서 뭐 해요?

남자: 아, 지나 씨! 한나 씨 생일 선물로 여기서 케이크 살까 생각 중이었어요.

여자: 준배 씨도 한나 씨 생일 파티 가는구나. 저랑 같이 가요.

남자: 아, 지나 씨도 가요? 선물 샀어요?

여자: 당연하죠. 선물을 왜 아직까지 못 샀어요?

남자: 어제 퇴근하고 사려고 했는데 회사에 지갑을 놓고 오는 바람에 못 샀어요.

여자: 그랬군요. 그래서 지금 여기에서 사려고요?

남자: 네. 어떤 것 같아요?

여자: 음... 한나 씨를 위한 선물이라기보다는 다른 사람들을 위한 선물이 될 것 같은데요. 한나 씨 케이크 별로 안 좋아하잖아요.

남자: 진짜요? 몰랐어요.

여자: 한나 씨는 단 것도 안 좋아하고, 빵도 별로 안 좋아한대요.

남자: 그럼 어떡하죠? 지금 시간이 별로 없는데... 곧 생일 파티 시작할 텐데 그냥 사 갈까요? 그래도 생일 파티인데 케이크는 필요하잖아요.

여자: 그러지 말고 저기 길 건너편 쪽으로 한번 가 봐요. 한나 씨가 좋아할 만한 것들을 많이 팔더라고요.

남자: 그래요? 고마워요! 그럼 지나 씨 먼저 가서, 저는 좀 있다가 도착할 거라고 얘기해 주세요.

여자: 네, 알겠어요. 갔다 오세요.

Woman: Joonbae, what are you doing here?

Man: Oh, Jina! I was thinking of buying a cake here for Hanna's birthday present.

Woman: You're on your way to Hanna's birthday party as well? Let's go together.

Man: Oh, you're coming, too? Have you bought a

present?

Woman: Of course. Why were you not able to buy a present until now?

Man: I was going to buy one after work yesterday, but I left my wallet in the office, so I couldn't.

Woman: I see. So, you're going to buy one here?

Man: Yes. What do you think?

Woman: Umm... I think it will become a present for other people rather than for Hanna. You know, Hanna doesn't really like cakes.

Man: Really? I didn't know that.

Woman: I heard that Hanna doesn't like sweet things, and she doesn't really like bread as well.

Man: What should I do then? I don't have much time. The birthday party will begin soon. Shall I just buy it? You know, it's a birthday party, so it needs a cake anyway.

Woman: Instead, go check out what is there across the street. I remember there were a lot of things that Hanna would like.

Man: Were there? Thanks! Then, you go first and let people know that I'll arrive a bit later.

Woman: Okay, I will. I'll see you later.

9. b   10. c, e

Section IV - Dictation

11. 먹기는커녕
12. 깜빡했거든요
13. 자지 않게

Section V - Speaking Practice

현우: 경화 씨, 아침 먹었어요?

[경화씨, 아침 머거써요?]

경화: 아니요.

[아니요.]

늦잠 자는 바람에 아침을 먹기는커녕

[늗짬자는 바라메 아치믈 먹끼는커녕]

화장도 못 하고 나왔어요.

[화장도 모타고 나와써요.]

현우: 경화 씨가 늦잠을 잤어요?

[경화씨가 늗짜믈 자써요?]

경화: 네. 알람 맞추는 걸 깜빡했거든요.

[네. 알람 맏추는걸 깜빠캔거든뇨*.]

현우: 내일은 아침 일찍 회의 있는 거 알죠?

[내이른 아치밀찍 회의 인는거 알조?]

늦잠 자지 않게 오늘 밤에 알람 꼭 맞추고 자요.

[늗짬 자지안케 오늘 바메 알람 꼭 맏추고자요.]

* 거든요 is technically pronounced [거든뇨], but most people pronounce it [거든뇨].

Hyunwoo: Kyung-hwa, did you have breakfast?

Kyung-hwa: No. Because I overslept, I couldn't even put on makeup before I left home, let alone have breakfast.

Hyunwoo: You overslept?

Kyung-hwa: Yes, because I forgot to set an alarm.

Hyunwoo: You know that there is a meeting early in the morning tomorrow, right? Make sure you set an alarm before you go to bed tonight so that you don't oversleep.

Lesson 21

Section I - Translation Practice

1. 말을 아꼈습니다 or 말을 아꼈어요
2. 말이 말 같지 않아
3. 말 / 높이셔도 돼요
4. 말이 많아요
5. 말도 안 돼
6. 말 나오지 않게
7. 입에 발린 말만 해요
8. 말문이 막혔어요
9. 할 말을 잃었어요
10. 말을 꺼낸

<Translation>

To Heeju,

Heeju! I'm Sohee.

Today's your birthday, right? Happy birthday!

When I got into this company and first met you last year, I was glad to hear that you were the same age as me.

So, I often talked to you and felt that we were on really the same wavelength.

I never thought I would meet someone my age who can have good conversations with me in the office. I felt really happy.

I think we are on the same wavelength and relate well to each other.

Thank you for always being a good listener and telling me a lot of your stories as well.

I was too shy to muster up the courage to say thank you until now, but I wanted to say it at least in a letter like this.

I'm not paying lip service. I mean it. You know what I mean, right?

Let's work hard together as always and get much closer to each other.

P.S. We've now gotten very close with each other, so you don't have to speak formally to me! Please speak to me in casual language!

June 8th, 20XX

Sohee

11. c   12. d

Section III - Listening Comprehension

<Transcript>

남자: 저 요즘 피부가 말이 아니에요. 여드름이 너무 많이 나서 큰일이에요.

여자: 도윤 씨 피부 때문에 한 달에 한 번씩 병원 간다고 하지 않았어요? 요즘 안 가요?

남자: 한 달에 한 번씩 갔었는데, 요즘은 안 가요.

여자: 여드름이 많이 난다면서요. 왜 안 가요?

남자: 너무 비싸서요. 한 번 병원 갈 때마다 40만 원 정도 돈을 냈어요.

여자: 네? 말도 안 되는 가격이네요. 너무 비싼 거 아니에요?

남자: 사실 저는 여드름이 없어지기만 하면 좀 비싸도 괜찮거든요? 그런데 여드름도 안 없어졌어요!

여자: 정말 돈이 아까웠겠네요. 그 병원 이름이 뭐예요?

남자: 가나다 병원이요.

여자: 가나다 병원이요? 그 병원은 원래 말이 많은 병원이잖아요.

남자: 그래요? 왜요?

여자: 그 병원에 가서 여드름이 더 많이 생긴 사람도 있고, 없었던 주름살이 생긴 사람도 있대요.

남자: 정말요? 저는 몰랐어요. 알았으면 안 갔을 텐데...

여자: 이제 그 병원 가지 마세요. 제가 다니는 병원 추천해 드릴게요.

Man: My skin is really terrible these days. It's a big problem because I have too many pimples.

Woman: Didn't you say that you had been going to the hospital once a month because of your skin? You're not going these days?

Man: I used to go once a month, but I'm not going these days.

Woman: You said you had a lot of pimples. Why not?

Man: Because it's too expensive. I paid about 400,000 won every time I went to the hospital.

Woman: What? That's a nonsensical price. Isn't it too expensive?

Man: Actually, to me, as long as my pimples are gone, I'm fine even if it's a bit expensive. However, my pimples were not gone!

Woman: You must've felt that it was a waste. What's the name of the hospital?

Man: It's Ganada Hospital.

Woman: Ganada Hospital? There was a lot of controversy about that hospital anyway.

Man: Is that so? What for?

Woman: I heard that some people got more pim-
ples after visiting that hospital, and there's
even someone who got new wrinkles.

Man: Really? I didn't know that. If I had known
about it, I wouldn't have visited.

Woman: Don't go to that hospital anymore. I'll
recommend the hospital that I go to.

13. a, b   14. d

Section IV - Dictation

15. 말을 꺼내기가 무섭게

16. 말을 아끼는 것 같아요

Section V - Speaking Practice

현우: 경화 씨, 석진 씨한테 요즘 무슨 일 있냐고 물어봤
어요?

[경화씨, 석찐씨한테 요즘 무슨닐 인냐고 무러봐
써요?]

경화: 네. 근데 말을 꺼내기가 무섭게

[네. 근데 마를 꺼내기가무섭께]

아무 일 없다고 하더라고요.

[아무일 업따고 하더라고요.]

현우: 진짜요? 아무 일 없대요?

[진짜요? 아무일 업때요?]

경화: 네. 저한테는 말을 아끼는 것 같아요.

[네. 저한테는 마를 아끼는걷 가타요.]

현우 씨가 한번 이야기해 봐요.

[혀누씨가 한번 이야기해봐요.]

현우: 네, 그럴게요.

[네, 그럴께요.]

Hyunwoo: Kyung-hwa, did you ask Seokjin if some-
thing is going on with him these days?

Kyung-hwa: Yes, but as soon as I brought it up, he
said that nothing happened to him.

Hyunwoo: Really? He said nothing happened?

Kyung-hwa: Yes. I think he's not saying much to me.
You should try talking to him.

Hyunwoo: Okay, I will.

Lesson 22

Section I - Comprehension

1. ③   2. ①   3. ③   4. ①   5. ②

Section II - Reading Comprehension

<Translation>

**[Must-eat Place near Hongik Univ. Station /
Must-eat Bulgogi Place]**

> **"TTMIK Bulgogi" that was perfect in taste,
> atmosphere, and all that**

Dahye   20XX.12.06. 10:00

There are a lot of restaurants near Hongik Univ.
Station, but there is hardly one that is tasty, inex-
pensive, and even has a good atmosphere, right?
However, the restaurant that I visited last week was
exactly that kind of restaurant.

"TTMIK Bulgogi" that opened recently near Hongik
Univ. Station
There was a really long line even at 11 a.m. in the
morning.

I ordered the restaurant's popular menu item, bul-
gogi, and it came out with kimchi stew like this.
I thought it was the restaurant's mistake, but they
said it was on the house. I put bulgogi in my mouth
and then had kimchi stew right after, it was really
delicious!
Oh, for you guys' reference, they give this kimchi
stew only until December 31st.

The bulgogi was really soft and tasty. Of course,
the kimchi stew they gave as a complimentary was
much more delicious than the kimchi stew I tried in
other places. You know, there are not many places
where even complimentary food is good. The bul-

gogi is 20,000 won, which is really cheap, and you can even have kimchi stew! Isn't it really awesome?

Oh, and I liked the fact that the restaurant was not noisy. If you are looking for a place where you can talk and eat quietly, I think you will like "TTMIK Bulgogi".

If anyone asks me about a good restaurant near Hongik Univ. Station, I think I will think of "TTMIK Bulgogi" first.
I will go there again this weekend with my friends.

I recommend "TTMIK Bulgogi" which is kind, tasty, and not expensive!

6. c
7. b
8. c
9. 맛이며 분위기며 완벽했던 TTMIK 불고기 or
   분위기며 맛이며 완벽했던 TTMIK 불고기

Section III - Listening Comprehension

<Transcript>

여자: 직장인분들 스트레스 정말 많이 받으시죠? 그래서 요즘 직원들의 스트레스를 줄여 주기 위해 다양한 방법을 시도하는 회사들이 많아지고 있다고 합니다. 선현우 기자?

남자: 네. 저는 지금 한 교육 회사의 카페에 나와 있는데요. 이쪽을 보시면, 직원들이 커피를 마시며 자유롭게 이야기를 나누거나 일을 하고 있는 모습을 보실 수 있습니다. 회사 안에 카페가 있는 곳은 많지만 이 회사의 카페가 특별한 이유는 모든 메뉴가 공짜라는 점 때문입니다. 과자며 음료수며 라면이며 다양한 간식도 준비되어 있는데요. 이 간식도 공짜입니다. 그리고 직원들은 언제든지 이 카페로 와서 업무를 할 수 있다고 합니다. 덕분에 직원들은 졸린데 사무실에 앉아 있느라 시간을 낭비하지 않아도 됩니다.

Woman: Office workers out there, you get stressed a lot, right? Therefore, it is said that more and more companies are trying various ways to reduce their employees' stress these days. Reporter Hyunwoo Sun?

Man: Yes. I'm here at a cafe in an education company. If you look over here, you will be able to see the employees talking while drinking coffee or working. There are a lot of companies that have a cafe, but the reason why this company's cafe is special is that all the menu items are free. There are also snacks like crackers, beverages, and ramyeon. These snacks are also free. And it is said that the employees can always come to this cafe to work. Thanks to that, the employees don't have to waste their time sitting down in the office even when they are sleepy.

10. b

Section IV - Dictation

11. 책이며 노트북이며
12. 튼튼하며
13. 찾는

Section V - Speaking Practice

윤하: 승완 씨, 가방 산다고 했죠? 이 가방은 어때요?
    [승완씨, 가방산다고핸쪼? 이 가방은 어때요?]
승완: 아... 별로 튼튼해 보이지 않네요.
    [아... 별로 튼튼해보이지 안네요.]
    저는 책이며 노트북이며 들고 다니는 게 많거든요.
    [저는 채기며 노트부기며 들고다니는게 만커드뇨*.]
윤하: 그렇군요. 그럼 이 가방은 어때요?
    [그러쿤뇨**. 그럼 이 가방은 어때요?]
    가볍고, 튼튼하며, 가격도 합리적이라고 쓰여 있어요.
    [가볍꼬, 튼튼하며, 가격또 함니저기라고 쓰여이써요.]
승완: 오! 딱 제가 찾는 가방이네요. 감사해요.
    [오! 딱 제가 찬는 가방이네요. 감사해요.]

* 거든요 is technically pronounced [거드뇨], but most people pronounce it [거든뇨].

** 군요 is technically pronounced [구뇨], but most people pronounce it [군뇨].

Yoonha: Seung-wan, you said you wanted to buy a bag, right? What do you think of this bag?

Seung-wan: Ah... It doesn't really look sturdy. I carry around a lot of things like books, my laptop, and other stuff.

Yoonha: I see. Then, how about this bag? It says that it is light, sturdy, and reasonably priced.

Seung-wan: Oh! That's exactly the bag I've been looking for. Thank you.

Lesson 23

Section I - Complete the Dialogue

1. 책이 얇아서인지 or 책이 얇아서 그런지

2. 어제 비가 와서인지 or 어제 비가 와서 그런지

3. 오늘 날씨가 좋아서인지 or 오늘 날씨가 좋아서 그런지

4. 아까 커피를 마셔서인지 or 아까 커피를 마셔서 그런지

5. 오후 늦게까지 잠을 자서인지 or 오후 늦게까지 잠을 자서 그런지

6. 점심을 너무 많이 먹어서인지 or 점심을 너무 많이 먹어서 그런지

7. 오늘 일요일이어서인지 or 오늘 일요일이어서 그런지

8. 머리를 묶어서인지 or 머리를 묶어서 그런지

Section II - Reading Comprehension

<Translation>

The weather is too cold... Stores close early

Stores in the street are closing their doors early because the temperature fell dramatically. You can easily see that not only small stores but also big markets close early. In fact, the evening temperature on December 19th was between 3 to 6, but on the 23rd, it dramatically fell to -5 to -10. For this reason, restaurants or cafes on the street often close early at night.

OO Choi, who runs a cafe in Seoul, said, "There are no customers, maybe because it became cold suddenly", and "There used to be more customers in the evening than during the day, but since it became cold, there have been no customers at all in the evening", "Even keeping the store open at night is a loss."

OO Kim, who runs a restaurant, said, "It was cold last year as well, but there has never been a time when there were no customers like this", and "Maybe because it snowed three days in a row this week, it seems that people are not coming out of their houses."

(TTMIK News) Reporter Sohee Kim / December 24th, 20XX 09:41 a.m.

9. b   10. b

Section III - Listening Comprehension

<Transcript>

남자: 야, 오랜만이다! 잘 지냈어?

여자: 잘 지냈지! 그런데 오빠 엄청 피곤해 보인다.

남자: 하하, 하루 종일 일하고 와서 그런지 너무 피곤하네.

여자: 나도 요즘 나이가 들어서인지 빨리 피곤해지는 것 같아.

남자: 맞아. 난 그래서 평일에 약속 잘 안 잡잖아. 퇴근한 다음에 친구 만나면 너무 힘들더라고.

여자: 나도 그래. 요즘은 날씨가 너무 더워서인지 더 피곤한 거 같아.

남자: 그래서 나는 이번 주말에 바다에 가려고. 가서 수영도 하고 좀 쉬면 좋을 거 같아서.

여자: 바다 가는구나! 어디로 가?

남자: 제주도.

여자: 여름에 제주도라니! 사람 정말 많겠다.

남자: 내 친구가 지난주에 제주도 갔다 왔는데, 아직 휴
　　　가철이 아니어서 그런지 사람이 별로 없었대.
여자: 그렇구나. 나는 날씨가 너무 더워지면 휴가 가는
　　　것도 귀찮더라.
남자: 나는 다른 건 다 귀찮아도, 휴가 가는 건 좋던데.
여자: 내가 너무 게을러서인지 난 여름에는 다 귀찮아.
남자: 네가 게을러서라기보다는 너무 더우면 누구나
　　　그럴 수 있지.

Man: Hey, long time no see! How have you been?

Woman: I've been well! You look really tired,
　　　though.

Man: Haha. I'm feeling tired maybe because I came
　　　here after working all day long.

Woman: I also feel tired faster these days, maybe
　　　because I got older.

Man: Right. That's why I don't really make plans on
　　　a weekday. When I met friends after working,
　　　I felt really tired.

Woman: So do I. Maybe because the weather is too
　　　hot these days, I feel like I'm more tired.

Man: So, I'm planning to go to the sea this week-
　　　end. I think it will be good if I swim and rest
　　　there.

Woman: You're going to the sea? Where to?

Man: Jeju Island.

Woman: Jeju Island in the summer? There must be
　　　a lot of people.

Man: My friend went to Jeju last week, and he said
　　　there were not many people, maybe because
　　　it's not vacation season yet.

Woman: I see. For me, when the weather becomes
　　　too hot, even going on a vacation is also a
　　　pain in the neck.

Man: For me, everything can be bothersome
　　　except for going on a vacation.

Woman: Maybe because I'm too lazy, everything is
　　　bothersome in the summer.

Man: It's not that you're lazy, but that anyone can
　　　feel like that when it's too hot.

11. F　　　12. T　　　13. T

14. T　　　15. F　　　16. T

Section IV - Dictation

17. 평일이어서 그런지

18. 사람이 없어서인지

Section V - Speaking Practice

준배: 평일이어서 그런지 영화관에 사람이 없네요.
　　　[평이리어서그런지 영화과네 사라미엄네요.]

다혜: 그러게요. 어, 영화 시작한다.
　　　[그러게요. 어, 영화 시자칸다.]

준배: 근데... 다혜 씨... 사람이 없어서인지 좀 무섭네요.
　　　[근데... 다혜씨... 사라미 업써서인지 좀 무섬네요.]

다혜: 어! 저기 귀신 있다!
　　　[어! 저기 귀시닏따!]

준배: 으악!
　　　[으악!]

Joonbae: Maybe because it's a weekday, there are
　　　not a lot of people in the theater.

Dahye: Right. Oh, the movie is starting.

Joonbae: But... Dahye... Maybe because there are no
　　　people, it's a bit scary.

Dahye: Oh, there's a ghost over there!

Joonbae: Yikes!

Lesson 24

Section I - Writing Practice

1. 안 어울릴 수도 있으니까 입어 봐야겠다.

2. 내일 아침에 일찍 나가야 되니까 지금 자야겠다.

3. 눈이 더 많이 오면 길이 막히니까 집에 빨리 가야겠다.

4. 한국으로 여행 가기 전에 한국어 공부 좀 해야겠다.

5. 눈이 더 나빠지기 전에 안경을 맞추러 가야겠다.

6. 물에 들어가기 전에 준비 운동을 해야겠다.

Section II - Reading Comprehension

<Translation>

_____ November 18th, 20XX, Saturday _____

Dahye: Soyeon, when shall we meet?

Is next Saturday okay?

Soyeon: Yeah, I'll be free next Saturday.

Where shall we meet?

Dahye: You came here last time, so I'll come to
Seoul this time.

Soyeon: Then, this time, you'll sleep over at my
house.

I guess I'll have to clean my house this
weekend.

Dahye: You don't have to. You've been to my house
before. lol

I assume your place will be cleaner than my
place? Haha

Soyeon: Haha. By the way, the 25th is a day before
your birthday!

Let's have a birthday party that day as
well!

Dahye: Okay! I guess I should buy a cake.

Soyeon: I'll buy a cake.

And is there anything else you want to do?

Dahye: Shall we watch the movie that you talked
about last time? When will it be released,
by the way?

I guess I have to check the release date.

Soyeon: Oh, right! I heard that the movie will be
released next week.

Let's go watch it together.

Dahye: Oh, really? That's great.

After watching the movie, how about going
to the restaurant you told me was good last
time?

Soyeon: Sounds good. I'll make a reservation.

You haven't bought train tickets, right?

Dahye: No. I guess I should buy tickets first.

Soyeon: Let me know what time you will arrive
after you buy tickets.

Let's figure out what we are going to do
more after that.

Dahye: Okay.

7. c   8. d   9. b

Section III - Listening Comprehension

\<Transcript\>

여자: 준배 씨, 뭐 보고 있어요?

남자: 아, 다혜 씨, 저 좀 도와주세요. 장갑 사려고 하는
데 어떤 색이 좋을까요? 검은색? 흰색?

여자: 음... 준배 씨는 밝은색이 잘 어울리더라고요.

남자: 그래요? 그럼 이걸로 사야겠다.

여자: 근데 여기 장갑 좋아요? 저도 오늘 너무 추워서
장갑 사야겠다고 생각했거든요.

남자: 전에 여기서 산 적 있는데, 괜찮았어요. 다혜 씨
도 여기서 사세요. 지금 할인 중이에요.

여자: 그래요? 벌써 몇 개 안 남았네요. 품절되기 전에
빨리 주문해야겠어요. 어? 이 바지도 예쁘다.

남자: 사실 저도 지난주에 이 바지 샀어요.

여자: 진짜요? 어때요?

남자: 괜찮은데, 너무 길어서 못 입고 있어요. 혹시 바
지 잘 줄이는 곳 알아요?

여자: 네. 우리 회사 앞에 있는 가게 괜찮았어요.

남자: 오, 그래요? 내일 회사로 바지 가져와야겠다. 고
마워요.

Woman: Joonbae, what are you looking at?

Man: Oh, Dahye, please help me. I'm going to buy
gloves. Which color will be good? Black?
White?

Woman: Umm... You looked good with the bright
color.

Man: Did I? Then, I guess I should buy these.

Woman: By the way, are the gloves here good? I
also thought I would need to buy gloves
because it was too cold today.

Man: I've bought (gloves) here before, and they
were good. You should buy them here, too.
They are on sale now.

Woman: Are they? There are already only a few
left. I guess I have to order quickly before
they are sold out. Uh? I like these pants
as well.

Man: Actually, I also bought these pants last week.

Woman: Really? How were they?

Man: They were good, but I haven't been able to

wear them because they are too long. Do you

know any place where they alter pants well?

Woman: Yes. The shop in front of our office is

good.

10. b　　　11. a

Section IV - Dictation

12. 들어가야겠어요　　　13. 되겠어요

14. 마셔야겠어요

Section V - Speaking Practice

동근: 보람 씨, 보람 씨는 커피 안 마시죠? 먼저 들어가세요.

[보람씨, 보람씨는 커피 안마시조? 먼저 드러가세요.]

저는 커피 좀 사 가지고 들어가야겠어요.

[저는 커피좀 사가지고 드러가야게써요.]

보람: 커피요? 커피 끊겠다면서요.

[커피요? 커피 끈켇따면서요.]

동근: 안 되겠어요.

[안되게써요.]

머리가 너무 아파서 한 잔 마셔야겠어요.

[머리가 너무 아파서 한잔 마셔야게써요.]

보람: 그래요? 그럼 같이 사러 가요.

[그래요? 그럼 가치 사러가요.]

Dong-geun: Boram, you don't drink coffee, right?

You go ahead. I think I'll buy some coffee

before going in.

Boram: Coffee? You said you would quit drinking

coffee.

Dong-geun: I don't think I can. My head really hurts,

so I think I need to drink a cup.

Boram: Really? Then let's go buy some together.

Lesson 25

Section I - Translation Practice

1. 결국 진실은 드러나기 마련이에요.

2. 그럴 때가 있기 마련이에요.

3. 살다 보면 후회하는 일이 있기 마련이에요.

4. 운동을 하다 보면 다치기 마련이에요.

5. 시간이 지나면 잊혀지기 마련이에요.

6. 여러 사람이 같이 일을 하다 보면 오해가 있기 마련이에요.

Section II - Reading Comprehension

<Translation>

TTMIK FITNESS CENTER

< Bulletin Board >

Read the stories of people who were met with

good results after exercising hard.

>> Our member Sohee Kim wrote:

Hello! I am a student who took teacher Yeji Kim's

class from March to September. I have something

I learned while I was exercising for the past six

months. It is that you are bound to get a good

result if you work hard on whatever it is steadily.

I was actually a person who did not really like to ex-

ercise. Therefore, I found it really hard to exercise.

I really wanted to give up until two weeks after

I started. Although I exercised really really hard,

I did not lose weight and get muscle. But then,

teacher Yeji Kim told me that exercising would not

betray me. So I kept exercising while believing in

what the teacher said. A month passed like that,

and I started to lose weight and get muscle. Also,

I have come to like exercising seriously. Just as the

teacher said, I found out that you are bound to get

good result if you exercise steadily.

Thanks to this experience, I learned that you are

bound to succeed if you make steady effort in

something. I feel like I learned not only how to

exercise but also how to live life from teacher Yeji

Kim. Teacher Yeji Kim, who taught me well and

supported me, thank you so much! Also, me, who

exercised hard! Well done! Everyone, exercise

steadily and get a good result. I will root for you.

7. c   8. d   9. c

Section III - Listening Comprehension

<Transcript>

안녕하세요, TTMIK 고민 상담소의 김한나입니다. 오늘도 여러분의 고민 사연들이 많이 도착해 있는데요, 첫 번째 사연 만나 볼까요? "한나 씨, 안녕하세요. 저는 서울에 사는 유동근이라고 합니다. 저는 실수하는 것을 정말 싫어하는 성격인데요, 사람은 누구나 실수를 하기 마련이잖아요. 그래서 저도 가끔 실수를 할 때가 있어요. 그러면 제 자신을 용서하기가 정말 힘들어요. 어떻게 하면 실수했을 때 제 자신을 잘 용서할 수 있을까요?" 이렇게 보내 주셨습니다. 동근 씨가 말씀하신 것처럼, 살다 보면 누구나 다 실수를 하기 마련이죠? 그 말은 실수를 하지 않을 수는 없다는 뜻이에요. 우리 모두 실수를 하기 때문에, 실수를 했을 때 어떻게 생각하느냐가 중요할 것 같아요. 실수를 배울 수 있는 기회, 다음에 실수하지 않도록 기록해 놓을 수 있는 기회라고 생각해 보면 어떨까요? 사람은 아무리 중요한 실수를 했어도 시간이 지나면 다 잊어버리기 마련이거든요. 그래서 다음에 똑같은 실수를 하지 않기 위해서 적어 놓는 거예요. 그러면 동근 씨가 자신을 용서할 필요도 없을 만큼 실수를 잘 하지 않는 사람이 될 수 있을 거예요.

Hello, I am Hanna Kim from TTMIK Counseling Center. Today as well, lots of your stories of concern have arrived here. Shall we meet the first story? "Hello, Hanna. I am called Dong-geun Yu, who lives in Seoul. I really do not like to make mistakes, but anyone is bound to make mistakes. So, I also make a mistake sometimes. Then, it is really hard to forgive myself. What should I do to forgive myself more easily when I make a mistake?" That was Dong-geun's story. As Dong-geun said, people are bound to make mistakes in life, right? That means it is not possible not to make mistakes.

Since everyone makes mistakes, I think it is important how you think when you make a mistake. How about trying to consider the mistake as an opportunity to learn or to take notes in order not to make mistakes next time? Even if someone makes a big mistake, they are bound to forget everything as time passes, which is why you need to write down in order not to make the same mistake in the future. If so, you will be able to become a person who does not often make mistakes, so you will not even need to forgive yourself.

10. d   11. b

Section IV - Dictation

12. 어땠어요

13. 마련이잖아요

14. 늘기 마련이에요

Section V - Speaking Practice

예지: 승완 씨, 첫 촬영 어땠어요?

[승완씨, 첫 촤령 어때써요?]

승완: 너무 긴장해서 무슨 말을 했는지 모르겠어요. 휴...

[너무 긴장해서 무슨 마를 핸는지 모르게써요. 휴...]

예지: 힘내요! 처음에는 누구나 긴장하기 마련이잖아요.

[힘내요! 처으메는 누구나 긴장하기 마려니자나요.]

승완: 고마워요. 점점 나아지겠죠?

[고마워요. 점점 나아지겓쪼?]

예지: 당연하죠. 계속 하다 보면 늘기 마련이에요.

[당연하조. 계속 하다보면 늘기 마려니에요.]

Yeji: Seung-wan, how was your first shoot?

Seung-wan: I was so nervous that I don't remember what I said. Phew...

Yeji: Cheer up! Everyone is bound to get nervous at first.

Seung-wan: Thanks. I should get better gradually, right?

Yeji: Sure thing. As you keep doing it, you are bound to get better at it.

Lesson 26

Section I - Complete the Dialogue

1. 하나밖에 없는
2. 하나도 남김없이
3. 하나도 없는
4. 하나도 안 아팠어요
5. 하나부터 열까지
6. 하나 없는
7. 하나도 모르겠어요

Section II - Reading Comprehension

<Translation>

Book Introduction

Drawing with Tablet PC that Beginners can Follow Easily

<It's so easy to draw with tablet PC, isn't it?>, Recommend it for people like this!

- I bought a tablet PC, but I don't know what to do at all.
- I want to draw, but I'm not sure what to draw.
- I would like to learn how to draw easily and in a fun way.
- I want to make my own one and only drawing.

"I thought I would be able to draw something awesome like that if I just buy a tablet PC."
I'm sure a lot of you are thinking like this, right? Don't worry about it now. Learn how to draw with a tablet PC with <It's so easy to draw with a tablet PC, isn't it?>.

From drawing a line to making your own artwork!
<It's so easy to draw with a tablet PC, isn't it?> is a book for beginners that explains how to draw from A to Z step by step. First, we teach you how to draw lines. And then, we teach you how to make pretty penmanship and simple drawings. If you keep

copying after the book, you will be able to make your own one and only artwork in the end. We let you know the complete illustrator Jooyeon Park's know-how.

Practice every day!
It's important to try copying the drawing. Practice one drawing per day! It contains 360 drawings!

Make my own one and only drawing. Start today!

8. b   9. c   10. 소연   11. d

Section III - Listening Comprehension

<Transcript>

여자: 승완 씨, 다 몸에 좋은 것들만 나왔는데, 왜 이렇게 많이 남겼어요? 건강 생각해서 하나도 남김없이 다 먹으라고 했잖아요.

남자: 너무 먹기 싫은 걸 어떡해요. 그리고 예지 씨가 하나만 알고 둘은 모르는 것 같은데, 먹기 싫은 걸 억지로 먹는 게 더 몸에 안 좋아요.

여자: 마음대로 하세요. 그나저나 책상 위는 또 왜 이렇게 더러워요? 정리 좀 하세요.

남자: 이게 다 저만의 방법으로 정리해 놓은 거예요. 하나도 모르면서 자꾸 잔소리하지 마세요.

여자: 어휴, 정말. 허리는 또 왜 이렇게 굽히고 있어요? 허리 좀 펴요. 그러니까 맨날 허리 아프다고 하죠.

남자: 알았어요, 알았어. 잔소리 좀 그만하세요.

여자: 잔소리라니요?

Woman: Seung-wan, these were all good for your body. Why did you leave this much? I told you to eat without leaving anything for the sake of your health.

Man: What should I do? I really don't want to eat. Also, I think you only know one thing and not more. Eating what you really don't want to eat forcefully is worse for your body.

Woman: Do as you want. By the way, why is your desk so dirty like this? Clean up the mess.

Man: This is my own way of keeping things organized. You have no idea. Stop nagging me.

Woman: Oh, boy. Why are you slouching like this? Straighten your back. This is why you keep saying every day that your back hurts.

Man: Okay, okay. Please stop lecturing me.

Woman: Nagging?

12. d   13. c

Section IV - Dictation

14. 남김없이

15. 어떡해요

16. 사야겠죠

Section V - Speaking Practice

보람: 이게 다 뭐예요? 이사 가니까 다 버리려고요?

[이게 다 뭐예요? 이사가니까 다 버리려고요?]

두루: 네.

[네.]

보람: 하나도 남김없이 다요? 아깝다.

[하나도 남기멉씨 다요? 아깝따.]

만에 하나 나중에 다시 필요하면 어떡해요?

[마네하나 나중에 다시 피료하면 어떠캐요?]

두루: 필요 없을 것 같아요. 필요하면 다시 사야겠죠.

[피료 업쓸껀 가타요. 피료하면 다시 사야겓쪼.]

Boram: What's all this? Are you going to throw away all of this since you are moving?

Duru: Yes.

Boram: All of it? It's a waste! I know it is unlikely, but what if you need it again later on?

Duru: I don't think I will need it. If I need it, I guess I'll just buy it again.

Lesson 27

Section I - Complete the Dialogue

1. 얼마나 공부를 열심히 했으면 / 얼마나 기쁠까

(얼마나 좋을까 is also possible.)

2. 얼마나 고생했을까 / 얼마나 잘했으면

3. 얼마나 노래 연습을 많이 했으면 / 얼마나 인기가 많았을까

4. 얼마나 피곤했으면 / 얼마나 좋을까

(얼마나 기쁠까 is also possible.)

5. 얼마나 맛있었으면 / 얼마나 배부를까

6. 얼마나 집중하셨으면 / 얼마나 추우셨을까

Section II - Reading Comprehension

<Translation>

TTMIK TIMES

Headlines

Actress Soyeon Lee, how tough the filming must have been... Being hospitalized because fatigue piled up

The mother and her daughter, who went their separate ways for 50 years, how much they must have missed each other... "We will never go our separate ways again."

Soccer player Seung-wan Yu, how hard must he have exercised for him to have that much muscle?

"How many Koreans must have come for a trip..." 300 Korean signs at a hotel in Vietnam

Video of a baby sleeping while eating, went viral on social media... "How sleepy he must have been"

7. c   8. b

Section III - Listening Comprehension

<Transcript>

여자: 두루 씨, 어젯밤에 영화 보러 갔다면서요? 어떤 영화 봤어요?

남자: '엄마를 만나러 갑니다' 봤어요.

여자: 저 그 영화 궁금했는데, 어땠어요?

남자: 진짜 슬펐어요. 저 평소에 영화 보고 잘 안 울잖아요. 근데 이 영화 보면서 엄청 많이 울었어요.

여자: 와, 얼마나 슬펐으면 두루 씨가 영화를 보고 울었을까? 그 영화 진짜 슬픈가 보네요.

남자: 맞아요. 영화에서 주인공이 일곱 살 때 전쟁 때문에 엄마랑 헤어지거든요. 근데 엄마랑 헤어지는 그 장면이 너무 슬퍼요.

여자: 아, 저는 상상만 해도 벌써 눈물 날 것 같아요. 전쟁 때문에 엄마랑 헤어지면 얼마나 슬플까? 생각만 해도 눈물 나요.

남자: 그리고 주인공이 엄마랑 헤어지고 15년 후에 엄마를 찾으러 가거든요. 엄마를 다시 만나는 장면도 너무 감동적이었어요. 소희 씨도 이 영화 한번 보세요.

여자: 아, 저는 이 영화 보면 안 될 것 같아요. 저는 슬픈 영화 보면 오랫동안 계속 생각나서 계속 슬프거든요.

남자: 와, 정말요? 얼마나 오랫동안 생각나요?

여자: 영화를 본 날은 하루 종일 계속 슬퍼하는 거 같아요.

남자: 하루 종일요? 저는 영화 보고 나오는 길에 다 잊어버리는데. 진짜 신기하다.

Woman: Duru, I heard that you went to see a movie last night. Which movie did you see?

Man: I watched, *I Go to See My Mom*.

Woman: Oh, I was curious about the movie. How was it?

Man: It was really sad. You know, I usually don't cry while watching movies, but I cried a lot while watching this movie.

Woman: Wow, I wonder how sad it must have been for you to cry while watching a movie? I guess that movie is really sad.

Man: Right. In the movie, the main character was separated from her mom when she was seven because of the war. The scene where she was separated from her mom is really sad.

Woman: Ah, I already feel like crying even just thinking about it. How sad would it be if

you were separated from your mom? Just thinking about it makes me teary.

Man: Also, the main character went to find her mom 15 years after she was separated. The scene where she met her mom again was so touching. You should see this movie, Sohee.

Woman: Ah, I don't think I should see this movie because I get really sad for a long time because I keep thinking about it after watching a sad movie.

Man: Wow, really? How long do you think about it?

Woman: I think I felt sad all day long on the day when I watched the movie.

Man: All day long? I forget on my way out after watching a movie. Impressive!

9. b   10. c

Section IV - Dictation

11. 얼마나 힘들었으면

12. 얼마나 속상할까

Section V - Speaking Practice

현우: 석진 씨 결국 박사 과정 그만뒀대요.

[석찐씨 결국 박싸과정 그만뒀때요.]

경은: 정말요? 한 학기 남았는데…

[정마료?* 한학끼 나만는데…]

얼마나 힘들었으면 그만뒀을까…

[얼마나 힘드러쓰면 그만둬쓸까…]

현우: 일하면서 공부하기 쉽지 않죠.

[일하면서 공부하기 쉽찌 안초.]

경은: 박사 과정 합격하고 정말 좋아했는데…

[박싸과정 합껴카고 정말 조아핸는데…]

석진 씨가 얼마나 속상할까 생각하니

[석찐씨가 얼마나 속쌍할까 생가카니]

마음이 아프네요.

[마으미 아프네요.]

Hyunwoo: I heard that Seokjin quit doing his PhD in the end.

Kyeong-eun: Really? He had one semester left. How difficult it must have been for him to have just given up.

Hyunwoo: It's surely not easy to study while also working.

Kyeong-eun: He was so happy when he got accepted into the PhD program. My heart aches to think about how upset he must be.

* Native speakers often pronounce 정말요 as [정말 료] as well.

Lesson 28

Section I - Complete the Sentence

1. 필요할까 싶어요   2. 않나 싶어요

3. 있나 싶어요   4. 건가 싶었어요

5. 아닌가 싶어요   6. 건가 싶어요

7. 있을까 싶어요

Section II - Reading Comprehension

<Translation>

"I feel like people will be surprised to see the new side of me after watching this movie."

Actress Heeju Kim (30) returned with the movie Beautiful World.

Heeju Kim played the part of the most famous actress in Korea, Kyeong-eun Choi in this movie.

"I think this movie shows the most of my actual character because Kyeong-eun in the movie is really similar to me. Kyeong-eun is concerned that she appeared on TV and the actual her is different. I'm the same. I look bright and talkative on TV, but I don't often smile and tend to be quiet in everyday life. Therefore, I often think "Will people still like me even after they find out about the real me?"

In the meantime, she came across this movie.

"However, I changed my mind a lot while I was filming this movie. I got to thinking that it is okay even if the me that appeared on TV and the real me are different. To be honest, it's not that everyone lives with only one side of them. Will there even be someone who is the same when they are with other people and when they are by themselves?"

Heeju Kim filmed as many as 20 movies for 10 years after her debut. "I'm thinking maybe I should take some time to choose the next movie and have to take some rest before that. I hardly had a day off for the past 10 years. I'd like to do things I haven't been able to. I'll come back as a better me after having a little break."

Reporter Dahye Seok, dahye***@ttmik.com

8. d   9. d   10. a

Section III - Listening Comprehension

<Transcript>

여자: 석진 씨, 영화 '아름다운 세상' 봤어요?

남자: 아직 못 봤어요. 아마 이번 주말에 보게 되지 않을까 싶어요. 지나 씨는 봤어요?

여자: 네. 저는 영화 나오자마자 봤어요. 소설을 원래 좋아했거든요.

남자: 아, 원래 소설이었어요? 몰랐네요.

여자: 네. 제가 제일 좋아하는 소설이에요.

남자: 영화는 어땠어요? 책만큼 재미있었어요?

여자: 사실 영화보다 책이 더 재미있었던 것 같아요. 다섯 권짜리 소설을 영화 한 편으로 줄여서 영화는 좀 짧은 느낌이었어요.

남자: 아! 책을 먼저 읽고 보면 그렇게 느낄 수 있겠네요.

여자: 영화도 재밌긴 재밌었어요. 배우들이 연기를 정말 잘하더라고요.

남자: 제가 제일 좋아하는 배우도 나와요!

여자: 아, 여자 주인공이요? 요즘 그 배우가 왜 그렇게 인기가 많나 싶었는데, 영화 보고 이해가 됐어요.

남자: 그렇죠?

여자: 네. 아, 그리고 영화 볼 거면 큰 영화관에서 보세
　　요. 저는 좀 작은 영화관에서 봤는데, 아쉬웠거든
　　요. 큰 영화관에서 한 번 더 봐야 되나 싶어요.
남자: 어? 그럼 이번 주말에 저랑 같이 보러 갈래요?
여자: 그래요. 좋아요.

Woman: Seokjin, have you watched the movie
　　Beautiful World?
Man: Not yet. I feel like I will end up watching it
　　this weekend. Have you watched it?
Woman: Yes. I watched it as soon as it came out. I
　　already liked the novel.
Man: Oh, it was originally a novel? I didn't know
　　that.
Woman: Yes. It's my favorite novel.
Man: How was the movie? Was it as fun as the
　　book?
Woman: Actually, I thought the book was more fun
　　than the movie. Since a five-book series
　　was shortened to a single movie, I felt like
　　the movie was a little short.
Man: Ah! You could feel that way if you watch it
　　after reading the book.
Woman: The movie was good, too. The actors' act-
　　ing was really good.
Man: There's my favorite actress in the movie as
　　well.
Woman: Oh, the heroine? I was wondering why the
　　actress was that popular these days, but I
　　could tell why after watching the movie.
Man: Yeah, right?
Woman: Yes. Oh, and if you are going to watch the
　　movie, watch it in a big movie theater. I
　　watched it in a small theater, and I was
　　disappointed. I guess I have to watch it
　　one more time in a big theater.
Man: Oh, then do you want to go watch it with me
　　this weekend?
Woman: Sure. Sounds good.

11. c　　12. b, d

Section IV - Dictation

13. 도착하지 않을까　　14. 낫지 않나

Section V - Speaking Practice

다혜: 지나 씨 왔어요?
　　[지나씨 와써요?]
준배: 아직요. 여섯 시 넘어서 도착하지 않을까 싶어요.
　　[아지교. 여섯씨 너머서 도차카지아늘까 시퍼요.]
다혜: 지나 씨랑 같이 이야기하는 게 낫지 않나 싶은데…
　　[지나씨랑 가치 이야기하는게 낟찌안나 시픈데…]
　　그럼 내일 지나 씨 있을 때 다시 이야기할까요?
　　[그럼 내일 지나씨 이쓸때 다시 이야기할까요?]
준배: 좋아요. 그럼 내일 다시 이야기해요.
　　[조아요. 그럼 내일 다시 이야기해요.]

Dahye: Is Jina here?
Joonbae: Not yet. I feel like she will arrive after six
　　o'clock.
Dahye: I feel like it's better to talk about this with
　　Jina too. Shall we talk again tomorrow when
　　Jina is around?
Joonbae: Sounds good. Then let's talk again tomorrow.

Lesson 29

Section I - Context Comprehension

1. 늦은 감이 없지 않아 있지만
2. 마음에 안 드는 부분도 없지 않아 있지만
3. 약한 느낌이 없지 않아 있어요
4. 다정한 면이 없지 않아 있죠
5. 경향이 없지 않아 있는 것 같아요
6. 경우가 없지 않아 있어요

Section II - Reading Comprehension

<Translation>
Jina: Heeju, you know, I accidentally said something
　　that I shouldn't have to you last week. You
　　were offended, right? Sorry.
Heeju: I do feel like it is a bit late, but I'm a good
　　person, so I'll forgive you.

Kyung-hwa: You've used our product. How was it?

Hyunwoo: There are some aspects that I don't like, but I'm satisfied with it considering the price.

Yeji: Sohee, that fan is what you bought recently, right? How is it? Is it good?

Sohee: Umm... I like it because it's lightweight, but I cannot deny that it is not sturdy.

Yoonha: I think Seung-wan is really sweet. I told him that I had a stomachache, and he bought me some medicine.

Ha-eun: Right. He is definitely sweet.

Dahye: A lot of people ordered this menu item, huh?

Eunjeong: I know. I think there is definitely a tendency that once someone orders something, the others follow.

Eunkyeong: How can this happen? I forgot my mobile phone password.

Doyun: That's something that can happen to anyone. I run a mobile phone shop, and there are certainly people who visit because they forgot their password.

7. 윤하   8. a   9. 지나, 희주
10. d   11. a

Section III - Listening Comprehension

<Transcript>
여자: 승완 씨, 요즘 회사 생활 잘하고 있어요?
남자: 네. 사실 아직도 적응 중이에요.
여자: 작은 기업에 다니다가 대기업에 가 보니까 어때요?
남자: 확실히 일 처리 속도가 느린 면이 없지 않아 있어요.
여자: 아무래도 보고해야 할 사람이 많죠?
남자: 네. 솔직히 말하면 좀 답답한 느낌이 없지 않아

있어요.
여자: 아무래도 승완 씨는 일이 빠르게 진행되는 곳에서 오래 일했었으니까 더 비교가 되겠네요.
남자: 네, 맞아요. 근데 좋은 부분도 없지 않아요.

Woman: Seung-wan, are you doing well in your workplace these days?

Man: Yes. Actually, I'm still adjusting.

Woman: How is it to work at a large corporation after working at a small one?

Man: There is certainly the tendency for things to get done slowly.

Woman: I bet there are a lot of people you have to report to, right?

Man: Right. Honestly speaking, I do feel like it is a bit frustrating.

Woman: I bet you can compare because you had worked for a long time at a place where things get done quickly.

Man: You're right. However, there are some good parts.

12. b   13. b

Section IV - Dictation

14. 없지 않아 있는 것 같아요
15. 그럴 가능성이 없지 않아

Section V - Speaking Practice

경화: 이 디자인이 좋기는 한데,
    [이 디자이니 조키는한데,]
    좀 평범한 느낌이 없지 않아 있는 것 같아요.
    [좀 평범한 느끼미 업찌아나 인는건 가타요.]

석진: 음... 그래요?
    [음... 그래요?]

경화: 여기에 그림을 하나 넣는 건 어떨까요?
    [여기에 그리믈 하나 넌는건 어떨까요?]

석진: 여기에 그림이 들어가면
    [여기에 그리미 드러가면]
    책 제목이 눈에 잘 안 띌 거예요.
    [책 제모기 누네 잘 안띨꺼예요.]

경화: 아, 그럴 가능성이 없지 않아 있겠네요.
　　　[아, 그럴 가능썽이 업찌아나 읻껟네요.]

Kyung-hwa: I do like this design, but it does feel a
　　　　　bit plain.
Seokjin: Umm, you think so?
Kyung-hwa: What do you think of adding a drawing
　　　　　here?
Seokjin: If we add a drawing here, the book title
　　　　　won't really stand out.
Kyung-hwa: Ah, I guess there's the possibility that it
　　　　　won't.

Lesson 30

Section I - Fill in the Blank

1. 날씨가 추워서 그런지
2. 마을까지 내려왔나 싶어
3. 진실이 드러나기 마련입니다
4. 촬영해서 그런지
5. 연습을 많이 해야겠어요
6. 얼마나 간절했으면

Section II - Reading Comprehension

<Translation>

**Studying English Anytime During 24 Hours 365
Days Everywhere!**

Everything is easily forgotten if it is not used.
Especially foreign languages, they are hard to learn,
but easy to forget.
Because of that, it is most important to practice
every day!

Study English with the app Hyunwoo's English in an
easy and fun way every day!

There are more than 1,000 lessons in the app,
Hyunwoo's English! (All the lessons cover grammar
and vocabulary.)

Not sure when you can finish studying all these
lessons?
We have something for those of you who aren't.
We will pick 10 people out of those who study
every single day without missing a day and give
Hyunwoo's English book.
Get into the habit of studying every day with Hyun-
woo's English.

Kyunghwa1*
My English skill improved a lot while using the app
Hyunwoo's English for a year. I guess I will have to
study with the app Hyunwoo's English steadily in
the future as well.

Dahye6*
My dream was to go to the US after studying Eng-
lish hard. However, no matter how hard I studied,
my English was not improving. I was not sure when
I would be able to go to the US if I studied like that,
but after using the app Hyunwoo's English, my
English skill improved dramatically, and I was able
to go to the US without a problem.

7. a　　　8. c

Section III - Listening Comprehension

<Transcript>
여자: 현우 씨, 은정 씨 공연 봤어요?
남자: 아직이요. 다혜 씨는 봤어요?
여자: 당연하죠! 빨리 보러 가세요. 너무 재밌었어요.
남자: 어쩐지 경화 씨가 두 번 보러 갔다고 하더라고요.
　　　얼마나 재밌었으면 두 번이나 보러 갔나 싶어서
　　　저도 궁금하긴 했어요. 은정 씨 연기 어땠어요?
여자: 너무 잘하던데요?
남자: 오, 시간이 없어서 연습을 많이 못 했다고 들었는
　　　데, 다행이네요.
여자: 근데 그래서 그런지 남자 주인공이랑 은정 씨가
　　　조금 어색한 느낌이 없지 않아 있었어요.
　　　둘이 같이 나오는 장면에서 은정 씨가 작은 실수
　　　도 했고요.

남자: 안 그래도 은정 씨가 무대에서 실수했다고 많이
    속상해 하던데...
여자: 네, 누구나 실수하기 마련이니까 너무 속상해 하
    지 말라고 했는데도, 아직 힘들어 하네요.
남자: 아무리 작은 실수라도 속상하긴 할 것 같아요.
여자: 맞아요. 제가 볼 땐 귀여웠는데, 본인은 완벽하게
    하고 싶었겠죠? 아무튼 다들 연기도 잘하고, 내용
    도 너무 좋았어요. 꼭 보러 가세요.
남자: 네. 저도 이번 주말에 꼭 보러 가야겠네요.

Woman: Hyunwoo, have you seen Eunjeong's play?
Man: Not yet. Have you?
Woman: Definitely! You should hurry and go. It was
    really good.
Man: Now I see why Kyung-hwa said that she went
    to see the play twice. I was curious because it
    must have been really fun as she went to see
    it twice. How was Eunjeong's acting?
Woman: She did really well.
Man: Oh, I heard that she couldn't practice a lot
    because she didn't have time, but that's a
    relief.
Woman: However, maybe that's why the male
    lead and Eunjeong definitely looked a bit
    awkward. Also, Eunjeong made a small
    mistake when she was on stage with him.
Man: Yeah, Eunjeong got worked up saying that
    she made a mistake on stage.
Woman: Right. I told her not to be upset about it
    because anyone is bound to make mis-
    takes, but she's still suffering.
Man: No matter how small the mistake is, I bet it is
    upsetting.
Woman: You're right. She looked cute to me, but
    she probably wanted to do it perfectly,
    right? Anyway, all the actors' acting was
    good, and the story was also really good.
    You should go see it.
Man: Okay, I think I should definitely go see it this
    weekend.

9. c   10. d

Section IV - Dictation

11. 자서 그런지   12. 좀 봐야겠어요
13. 책이라는

Section V - Speaking Practice

동근: 낮잠을 자서 그런지 잠이 안 오네요.
    [낟짜믈 자서그런지 자미 아노네요.]
경은: 낮잠 자면 밤에 잠 안 온다고,
    [낟짬자면 바메 잠 아논다고,]
    제가 낮잠 자지 말라고 했잖아요.
    [제가 낟짬자지 말라고 핻짜나요.]
동근: 경은 씨 말 들을걸.
    [경은씨 말 드를껄.]
    잠이 올 때까지 텔레비전 좀 봐야겠어요.
    [자미 올때까지 텔레비전 좀 봐야게써요.]
경은: 텔레비전 보면 잠이 더 안 올걸요?
    [텔레비전 보면 자미 더 아놀껄료*?]
    차라리 책을 읽는 건 어때요?
    [차라리 채글 잉는건 어때요?]
동근: 책이라는 말만 들어도 벌써 졸리네요.
    [채기라는 말만 드러도 벌써 졸리네요.]

* -(으)ㄹ걸요 is supposed to be pronounced as [-(으)
    ㄹ꺼료] in theory, but most people pronounce it as
    [-(으)ㄹ껄료].

Dong-geun: Maybe because I took a nap, I can't
    sleep.
Kyeong-eun: I told you not to take a nap because
    you won't be able to sleep at night if
    you do.
Dong-geun: I should have listened to you. I guess I
    should watch TV until I get sleepy.
Kyeong-eun: You'll probably be even less sleepy if
    you watch TV. How about reading a
    book instead?
Dong-geun: I'm already sleepy just hearing the word
    "book".

iOS   Android

TTMIK Book Audio App

Download our app TTMIK: Audio to listen to all the book audio tracks conveniently on your phone! The app is available for free on both iOS and Android. Search for TTMIK: Audio in your app store.

Learn More Effectively with Our Premium Courses

Gain unlimited access to hundreds of video and audio lessons by becoming a Premium Member on our website, https://talktomeinkorean.com!

Reading Comprehension: News In Korean

▶ 🔤 20   Added ⌄

Korean Folk Tales: Short & interesting stories for learners

🎧 🔤 30   Added ⌄

Korean Snapshot (Real-Life Korean Text Explained)

▶ 🔤 20   Added ⌄